오늘의 힘

The Power *of* **TODA$(y)^2$**

올바르게 사용한다면
끊임없이 베풀어주는 선물

오늘의 힘

박혁제 지음
현혜수 옮김

The Power of TODA(y)²

예기

목차

안녕하십니까? 이 책을 쓴 박혁제입니다. 먼저 이 책을 선택해주신 여러분께 진심으로 감사를 드립니다. 이 책을 쓴 가장 큰 이유가 여러분에게 희망을 주기 위해서이기 때문입니다.

사람은 희망이 있어야 살 수 있습니다. 비록 좋은 교육을 받지 못했어도, 혹은 '기울어진 운동장'에서 경쟁하고 있을지라도, 심지어 아무 재능이 없다고 한탄하는 사람들에게도 성공의 문은 열려 있습니다. 그렇습니다. 누구나 성공할 수 있습니다. 하지만, 안타깝게도 대부분 사람은 희망을 이야기하지 않습니다. 그렇다고 희망이 사라지거나 죽었을까요? 전혀 아닙니다. 아직도 희망은 찬란한 태양처럼 우리 주변에 살아 있습니다. 그 생생한 증거가 바로 저입니다.

저는 대학교에 다닐 때, 학점이 낮아서 경영학과에 지원할 수 없었습니다. 한마디로, 경영학을 하기에는 '너무 멍청'했습니다. 어떤 과목을 해야 할까 고민하다가 저는 경제학을 선택했습니다. 하지만, 경제학은 저의 인내력의 한계를 초월할 정도로 지루했습니다. 지루하니 도무지 능률이 오르지 않아서 결국 마지막 학년에 대충 교양과목들을 듣는 선에서 학부를 마치고 졸업조차 하지 못했습니다. 하지만, 저는 실제의 비즈니스 세계에서는 이런저런 성공을 했습니다. 즉 하버드의 MBA가 성공을 보장해주지는 않는다는 것을 몸소 체험한 사람입니다.

어쩌면, 이 책을 읽는 사람 중에는 고등학교를 졸업하지 않았거나 대학을 들어가지 못했거나 대학에 들어갔다 하더라도 우수한 성적으로 졸업하지 않은 사람도 있을 것입니다. 그렇지만 그것이 어떤 일을 실패해야 하는 중요한 이유가 되지는 않습니다. 그게 전부는 아니라는 말입니다. 제가 공부를 잘하지 못했지만, 성공할 수 있었던 것처럼 여러분도 '그러한 약점'에도 불구하고 성공할 수 있습니다. 스스로 성공할 수 없다고 포기하지만 않는다면 말입니다.

한마디로, 저는 약점투성이인 사람입니다. 게다가 쓰라린 실패도 경험했습니다. 심지어 학습 발달장애까지 있는 사람입니다. 하지만, 저는 그것들을 뛰어넘는, 아니 그 장애물을 성공으로 가는 디딤돌로 삼을 수 있는 한 가지 방법을 찾았습니다. 그것을 공유하기 위해서 이 책을 쓰게 되었습니다.

이 책의 아이디어는 사업을 하셨던 제 아버지에게서 비롯되었습니다. 제 아버지가 우리가 저지른 작은 실수 때문에 저와 회사 직원들을 심하게 질책하셨던 그 순간에 촉발되었습니다. 자세한 이야기는 나중에 말씀드리겠습니다.

그런 의미에서, 이 책을 선택한 사람은 일생일대의 가장 탁월한 선택을 한 분들입니다. 그 선택이 분명히 여러분의 운명을 바꾸어줄 것입니다. 여러분은 제가 누구인지 무척 궁금할 것입니다. 또한, 이 책을 선택한 것이 왜 일생일대의 가장 탁월한 선택이었다고 말하는지, 그 이유도 무척 궁금할 것입니다.

그 이야기를 시작하기 전에 먼저 몇 가지 말씀을 드리려고 합니다. 그래야 여러분이 이해하기에 편할 것이기 때문입니다. 저는 지금 아주 빠른 속도로 성공하고 있는 몇 가지 사업을 하고 있습니다.

그런데 솔직히 불과 몇 년 전까지만 해도 이 비즈니스는 별로 신통치 않았습니다. 한마디로 '미미'했다고 할 수 있습니다. 그렇다고 해서 제가 게으르다거나 손도 대지 않고 코를 풀려고 하는 '얌체 같은' 사람은 아닙니다. 저는 항상 맡은 일에 최선을 다하는 사람 중의 하나라고 자부하고 있습니다.

저는 캐나다에서 자란 한국인입니다. 부모님은 사업을 운영하십니다. 제가 받은 가장 큰 선물 중의 하나는 한국인의 저력과 근면성입니다. 이 소중한 유산은 부모님이 저에게 물려주셨고, 자연스럽게 저의 몸에 배었습니다.

아버지와 함께 두 번째 소매점을 맡게 되었을 때, 저는 가족을 위해서 죽어라고 일했습니다. 그러던 어느 날, 문득 회의감이 들었습니다. 제 삶에 중대한 오류가 있을 수도 있다고 생각하게 된 것입니다. 다음과 같은 생각이었습니다.

나는 정말 열심히 일하고 부지런하며, 나의 지식과 교육 수준은 내가 몸담고 있는 환경에서는 평균 이상이라고 생각하는데, 왜 그 결과물은 내가 원하는 대로 되지 않는 거지? 왜 내 은행 계좌는 늘 '배고픔'을 가리키고 있는 걸까? 내가 지금 중대한 무엇인가를 놓치고 있는 것은 아닐까? 지금껏 내가 살아온 방식에 무슨 문제가 있는 것은 아닐까? 성공하기 위해서는 여태껏 살아온 방식을 바꾸어야 하는 것은 아닐까?

결론적으로 제가 깨달은 것은, 제가 훨씬 더 많은 성공을 거둘 수 있는 방법을 안다고 하더라도 그 결과가 제가 가진 잠재력을 100% 발휘한 것은 아니라는 것입니다. 바로 그때 제가 필요로 했던 변화를 불러온 첫 번째 촉매제가 탄생했습니다. 촉매제란 무엇일까요? 『메리엄 웹스터Merriam Webster 사전』의 정의에 따르면 '촉매제'란 '중요한 변화 혹은 행동을 유발하거나 가속화하는 동인'입니다.

저는 한 여성을 소개받았는데, 그녀의 이름은 크리스타Krista 였습니다. 그녀는 저에게 MLM이라는 회사에서 일해보지 않겠냐고 권유했습니다. MLM은 체중조절과 근육을 만들어주는 단백질 셰이크를 파는 회사였습니다. 저는 그 회사의 제품에 흥미를 갖게 되었고 그 일을 한번 해보기로 결정했습니다.

사실 이전에도 고등학교, 대학교 그리고 우리 가족의 패밀리 비즈니스에서 일을 하면서 많은 것을 배우기도 했습니다. 그러나 이 MLM 비즈니스에 동참한 순간, 저는 강한 동기부여를 받았습니다.

갑자기, 일주일에 100회 이상 상품 판매를 위한 전화를 하는 것은 물론 미팅이나 파티 등 각종 이벤트에도 참석하게 되었습니다. 그 일을 진행하면서 무엇인가가 저를 흥분시켰고 부수적인 수입도 생겼습니다. 그러나 무엇보다 중요한 수확은 그 일을 통해서 가장 소중한 비즈니스 기술을 배웠다는 것입니다.

만약 크리스타가 저에게 준 기회에 '예스'라고 말하지 않았거나, 흥미를 가질 만한 일이 있는지 알아보려고 그 회사에 전화를 하지 않았다면, 그 일을 해내지 못했을 것입니다. 그러면 당연하게도, 지금까지도 제가 유용하게 사용하고 있고, 여러분에게 소개하려고 하는 중요한 기술들을 배우지도 못했을 것입니다. 그 기술들은 이를테면, 세일즈 프레젠테이션, 국제 거래, 문제 해결, 리더십 그리고 팀 빌딩 같은 것들입니다.

무엇보다 흥미로운 사실은 제가 그 모든 것들을 수업료를 내고 배운 것이 아니라 오히려 돈을 벌면서 배웠다는 것입니다. 배우면서 돈을 번다. 이 얼마나 멋진 일입니까? 저는 그 이후로 전화를 받거나 누군가를 찾아가 제품을 설명하는 일을 두려워하지도 않았으며, 다양한 세일즈 프레젠테이션을 진행했고, 그 과정에서 많은 것을 배웠습니다.

저는 그 과정에서 백만장자와 1:1로 또는 그룹으로 멘토링을 하고 리더십, 팀 빌딩 및 국제 거래에 관한 많은 책을 읽으며 자기계발에 매진했습니다. 그 결과 불과 3년 만에 350권이 넘는 책을 읽었고, 그 책들을 통해 일정한 패턴을 발견하게 되자 아이디어가 떠오르기 시작했습니다. 여기서 한 가지 짚고 넘어가야 할 것은 제가 그 책들을 다 '읽었다'라고 했지만, 실제로는 꼭 그렇지만은 않습니다.

저는 일종의 읽기 장애가 있어서 책을 끝까지 집중해서 읽지를 못합니다. 10페이지가 넘으면, 심지어 때로는 5페이지만 넘어도 곧 피로감을 느낍니다. 제 뇌는 일정 시간이 지나면 단어에 집중을 할 수가 없도록 설계되어 있는 모양입니다. 이런 이유로, 어느 정도 읽고 나면 도무지 자리에 앉아 있을 수가 없어서 대학생활 내내 고생했습니다. 그러니 두꺼운 전공서적과 그에 담긴 내용을 어찌 이해할 수 있었겠습니까?

그 약점 때문에 제가 포기했을까요? 그렇지 않습니다. 그 약점을 보완할 다른 장점을 찾아냈습니다. 저에게는 듣는 것의 80% 정도를 기억할 수 있는 특별한 재능이 있었습니다. 대부분의 사람들은 듣는 것의 20%에서 30%도 기억해낼 수 없다고 합니다만, 저는 80%를 기억함은 물론, 그 정보들을 3시간에서 5시간까지 간직할 수 있는 능력이 있습니다.

이처럼 저는 잘 읽지 못하는 무능력에 초점을 맞추어 좌절하기보다는, 제 안에 있는 '슈퍼파워'를 사용해서 운전할 때나 다른 일을 할 때 가능한 한 많은 오디오북들을 들었습니다. 그것이 저를 오늘 이 자리에 있게 한 중요한 원동력이 되었습니다.

오래도록 집중해서 읽지 못하는 학습장애 때문에 대학교에서 수업을 잘 받을 수 없었고 우수한 성적도 못 받았지만, 그것 때문에 좌절하지 않고, 제가 잘할 수 있는 다른 것들을 찾은 것입니다. 즉, 저의 약점보다는 장점에 집중하였고, 스스로를 향상시키려고 노력했으며, 그 노력은 성공을 거두었습니다.

저는 그런 제 자신이 매우 만족스러웠습니다. 마치 세상의 모든 것을 얻은 듯이 기뻤습니다. 그 기분은 어떤 분야에서든 정상에 오른 사람들은 다 알고 있을 것입니다. 그 기쁨으로 저는 새로운 사업으로 진출하였고, 마찬가지로 성공을 거두었습니다. 그때, 저는 자신도 모르게 "이보다 더 좋을 수는 없다"라고 외쳤습니다.

그 이유는 아버지와 함께 소매점을 하면서 기본적인 소득을 얻고 있었지만 MLM 비즈니스로 매월 수천 달러로 늘어나는 부수입도 가질 수 있었기 때문입니다. 물론 돈을 버는 과정은 힘들었고, 그런 이유로 그 돈은 제게 무척 소중했습니다.

간단하게 말하면, 일하기 시작한 첫해에 저는 그 회사에서 가장 빠르게 성장하는 영업직원 중 한 명임과 동시에 상당히 많은 수입을 올린 주인공이었습니다. 덕분에 은행에 약간의 저축도 했습니다. 그 순간 제가 할 수 있는 모든 일이 금으로 바뀔 것이라는 자신감이 생겼습니다. 마치 '미다스의 손'처럼 말입니다. 하지만, 산이 높으면 골이 깊은 법이지요. 얼마 뒤 저는 엄청난 신용사기에 빠지고 말았습니다.

그 즈음에, 상당히 매력적인 전략을 가지고 있는 투자회사에서 연락이 왔습니다. 저는 시험 삼아 1000달러를 투자했고 곧 돈이 두 배로 늘었습니다. 그래서 몇천 달러를 더 투자해서 또 두 배로 늘렸습니다. 모든 것이 합법적으로 보였습니다. 서류는 전혀 문제가 없었으며, 그 회사가 있는 토론토까지 날아가서 사무실을 확인하기도 하였습니다.

그러나 얼마 가지 않아 저는 엄청난 대가를 치러야 했습니다. 가지고 있는 막대한 현금과 은행에서 신용대출을 한 자금까지 모두 투자했는데, 그 모든 것이 한순간에 날아가 버렸습니다. 그 투자회사에 투자하기 전에, 저는 상당히 많은 현금을 가지고 있었습니다. 하지만, 모든 것이 끝난 후에 저에게 남은 것은 악성부채뿐이었습니다.

순식간에 정상에서 바닥으로 곤두박질친 것입니다. 아이러니하게도 성공하는 데 투자했던 모든 시간과 노력 그리고 비용을 완벽하게 절벽으로 떨어지는 데 사용했고, 그런 이유로 아주 빠르게 나락으로 떨어진 채, 만신창이가 된 저 자신을 추슬러야 했습니다. 그 순간, 제게 부를 안겨주었던 MLM과의 사업도 끝이 났습니다. 그 투자에 신경 쓰느라 MLM에 대한 열정이 사라졌기 때문입니다. 당연히 수입도 멈췄습니다.

아내는 실패로 인해 낙심한 저를 바라보면서 "그러게 내가 몇 번이나 경고했었지"라는 말을 했습니다. 아내는 제가 투자하는 것들에 무엇인가 문제가 있다고 생각했던 것입니다. 저는 밑바닥에서 헤어나기 위해, 다시 말하면 저의 빚의 무게를 털어내기 위해 15년 동안 수집한 기타와 자동차를 포함한 대부분의 것들을 팔아야 했습니다. 부모님은 물론 그 누구의 도움도 청할 수 없었기에 그 방법 말고는 제가 잃었던 것을 조금이라도 회복할 수 있는 다른 수단이 없었기 때문입니다.

그런 각고의 노력을 3년 동안 기울인 끝에, 저는 빚을 모두 갚을 수 있었습니다. 그동안, 거의 1000일 동안 외식 한 번 못했습니다. 심지어는 아이들과 맥도날드도 가지 못했습니다. 바닥에서 탈출하기 위해 몸이 부서질 것 같은 인내와 아픔을 겪어야 했습니다. 그것은 처절한 몸부림으로 암흑 같은 터널을 지나야 하는 고통이었습니다.

그것은 분명 제 눈을 찌르는 듯한 괴로운 경험이었습니다. 하지만, 그런 경험으로부터 믿을 수 없는 일이 시작되었습니다. 그 실수는 저를 다시 일어서게 하는 원동력이 되었고, 결과적으로 저는 더 성장하고 성숙할 수 있었습니다.

영화배우 윌 스미스Will Smith는 유명한 동기부여를 강조하는 연설에서 "일찍 실패하고, 자주 실패하고, 자진해서 실패하라"고 말했습니다. 그 말은 틀리지 않았습니다. 저는 크게 실패했지만, 그 실패가 엄청나게 긍정적인 결과를 가져왔습니다. 왜냐면, 저는 실패의 순간에 머무르지 않고 앞으로 나아갔기 때문입니다. 저는 그 실패의 그늘에서 벗어나는 동안 이런 질문을 하였습니다.

지금은 형편없이 의기소침하고 뒤처졌지만 앞으로 어떻게 하면 더 열심히 일하고, 더 현명해지며, 파워풀한 능력을 발휘할 수 있을까.

그 질문에 대한 대답 중 일부는 이 책에 기록한 놀라운 법칙입니다. 그것은 제가 시간을 잘 활용할 수 있게 도와주었고, 제가 꿈꿔왔던 것보다 빨리 나아갈 수 있게 해주었습니다. 그 덕분에, 불과 몇 년 만에 재정적 재앙은 지속적으로 상승하는 성공으로 바뀌었습니다. 그 모든 것은 제가 스스로에게 물은 첫 번째 질문들로부터 시작되었습니다.

잠재력을 발휘하여 더 나은 결과를 얻으려면 어떻게 해야 할까? 내가 원하는 곳으로 가기 위해 무엇에 전념해야 할까?

오늘날 제가 개인적으로 성취한 결과와 현재 운영하고 있는 회사들은 모두 멘토, 서적, 자기계발, 그리고 실패를 통해 배운 것에 그 기초를 두고 있습니다. 이 책과 제가 가르치는 모든 것들은 모두 제가 경험한 결과에 기초를 두고 있습니다.

오늘의 힘The Power of TODA(Y)²은 여러분을 성공에 이르게 하는 '궁극의 해결책'은 아니지만, 성공의 '도구상자'에 넣어야 할 핵심 도구 중 하나입니다. 또한, 이 책은 입문서입니다. 그리고, 스스로의 삶을 계속 점검하는 데 도움이 되는 '매일매일의 알림장'이기도 합니다.

이 책은 여러분이 가고 있는 길이 성공으로 가는 여정에서 벗어난다면 불과 하루 만에 방향을 찾을 수 있게 해주는 강력한 도구입니다. 자동차에 장착된 내비게이션이라고 할 수 있습니다. 여러분의 인생을 하루 만에 바꿀 수는 없지만 방향을 바꿀 수는 있습니다. 만약 여러분이 절망과 체념 그리고 재앙을 향해 나아가고 있다면 하루 만에 핸들을 돌려 여러분의 꿈을 마주할 수 있도록 할 것입니다. 즉, 나쁜 날보다는 좋은 날을 더 많이 그리고 계속 이어갈 수 있도록 만들어 줄 것입니다.

운동할 때를 생각해 보십시오. 때로는 게을러지는 날도, 운동을 하고 싶지 않은 날도 있지만, 중요한 것은 다시 시작하면 됩니다. 그러나 어설프게 하는 날보다는 잘하는 날이 더 많아야 합니다. 운동을 안 하는 날보다 하는 날이 더 많아야 합니다.

일주일에 한 번씩 운동을 하면서 좋은 결과를 기대할 수는 없습니다. 실질적인 결과를 얻기 위해서는 일주일에 4~5일 이상 일하고 이틀 정도를 쉬는 리듬을 가져야 합니다. 저는 경험을 통해서 변화를 창출하는 데 필요한 동력을 만들어내기 위해서는 6개월 동안 일주일에 5~6일 이상 일하고 하루 정도를 쉬어야 한다는 것을 깨달았습니다. 그만큼 지속적이고 꾸준함이 필요하다는 말입니다.

우리들은 꿈을 향해 나아갈 때 종종 "나는 내 꿈을 위해서 오전 9시부터 오후 5시까지 일할 거야"라고 말합니다. 아주 틀린 말은 아닙니다. 죽을 때까지 하루 24시간 일할 필요는 없습니다. 하지만 성공한 사람들의 말을 들어보면, 판에 박힌 일상을 벗어나 동력을 만들어내기 위해 비정상적으로 일해야만 하는 삶의 시기가 존재합니다. 그 시간은 3개월, 6개월, 1년 심지어는 3년이 될 수도 있습니다. 실패에 묶여 있던 쇠사슬을 끊고 성공으로 가는 동력을 얻으려면, 충분할 만큼 시간을 투자해야 합니다.

저는 여러분이 꿈을 이루기 위해서 오전 9시부터 오후 5시까지 일하면 성공할 것이라는 거짓된 희망을 드리고 싶지 않습니다. 처음에는 엄청난 노력과 일을 해야 합니다. 그리고 그것을 일정한 기간 동안 지속해야 합니다. 이 책이 여러분이 성취하고자 하는 중요한 것들에 대한 올바른 시각을 유지하는 데 도움이 될 것이라고 믿습니다. 저는 사업을 위해 개인적으로 그리고 팀원들을 가르치면서 이 책을 사용합니다. 또한, 정기적으로 이 책을 사용하여 제가 하고 있는 모든 일에 대해서 진로나 방향을 교정합니다.

오늘을 뜻하는 **TODAY**가 제가 강조하고 있는 단어의 머리글자로 만들어진 것은 어쩌면 하나님의 섭리인지도 모릅니다. 어쨌든, 이것을 제가 전달하고자 하는 가치를 설명하는 데 사용하겠습니다. 이것은 교과서에서 배운 것도 아니고, 임의적으로 만든 개념도 아닙니다. 그 때문에, 제가 이 개념들을 설명할 때, 사람들은 진심으로 받아들입니다. 머리보다 중요한 것이 심장이다, 라고 말하는데 이 경우에도 적용된다고 할 수 있습니다. 또한, 진실은 사람들의 가슴을 움직인다는 말도 여기에 적용해도 전혀 틀리지 않습니다.

이것은 정말 단순하지만 기억에 남습니다. 각 부분들이 서로 어울리지 않는 것 같아도 전체적으로는 완전합니다. 단하나라도 빠진다면 제대로 작동하지 않는 톱니바퀴와 같습니다. 또한, 세상 어느 것보다도 서로 딱 들어맞으며, 엄청나게 강력한 사고방식입니다.

여러분은 오늘 하루 동안 주어진 시간을 가지고 무엇을 했는지 판단하기 위해, 또는 스스로에게 질문하기 위해 이 책을 사용할 수 있습니다.

그럼, 도대체 그게 무엇인지 그 대강을 살펴보면 다음과 같습니다.

시간Time : "오늘 하루를 어떻게 대했는가?" "나는 하루에 대해 올바른 태도를 가지고 있는가?"

기회 Opportunity : "나는 오늘 하루 어떠한 기회를 활용했는가?" 오늘은 여러분이 누군가와 만나야 하는데 정말 가기 싫은 날일 수도 있습니다. 하지만 여러분의 뇌가 준비되어 있다면 이렇게 생각할 것입니다. "가기 싫긴 하지만 이것이 기회가 될지도 몰라. 어쩌면 그들이 나를 내가 정말로 필요로 하는 것으로 인도해줄 수도 있고 아니면 내가 그들이 원하는 것을 갖고 있을지도 몰라."

계발 Development : "오늘 나 자신에게 도전하기 위해 무엇을 했는가?" "관계, 비즈니스, 개인 성장 등을 발전시키기 위해 무엇을 했는가?"

평가 Assessment : "무엇을 바꾸거나 변경할 수 있는가? 내 인생에서 가지고 싶은 것은 무엇인가?" "나는 내 인생의 기관사 또는 프로그래머이다. 그렇다면 나는 무엇을 다르게 할 수 있는가?" 또는 "나는 제빵사이다. 나는 어떤 재료를 바꿀 것인가?"

수확 Yield : "오늘 내가 생산할 수 있는 실체적 가치는 무엇인가?" "그저 내 머릿속에서만 뱅뱅 돌고 있는 위대한 의도를 어떻게 단계별로 실현시킬 수 있을까?"
우선, 여러분은 눈에 보이는 결과를 실현하기 위해서 실제로 소매를 걷어붙이고 나와서 먹을 것을 잡거나 손으로 무엇인가를 만들어야 합니다. 그다음은 '수확'의 두 번째 단계인데, 이 단계에서는 여러분 자신보다 더 높은 목적에 기여해야 합니다. 스스로에게 이렇게 물을 수 있습니다. "나의 동기는 무엇인가? 나는 이 일을 다른 사람들의 이익을 위해서 하고 있는가, 아니면 오직 나 자신만을 위한 것인가?"

"나의 실력을 개선하기 위해 나는 무엇을 할 수 있는가?"

여러분이 아직 저와 함께 있고, 오늘이라는 시간을 현명하게 사용하여 내일의 삶의 질을 높이는 데 관심이 있다면, 이제 남은 것은 출발뿐입니다.

여러분은 가장 바라는 것을 성취하기 위해 어떠한 태도를 취하시나요? 이제껏 살아왔던 것과 똑같은 방식으로 계속 살아가더라도 상황이 정말로 변할 것이라고 생각하시나요?

낭비해버린 시간과 잃어버린 기회들에 후회하고 계시지는 않은가요? 그렇습니다. 오늘TODAY의 진정한 힘과 잠재력을 활용하는 법을 배우기 전까지 저 또한 이런 문제로 많이 고민했습니다. 하지만, 이제 안심하십시오. 저는 그런 질문에 대한 답을 찾기 위해 이 책을 썼습니다. 이 책을 읽는 순간부터 여러분은 절대 혼자가 아닙니다.

여러분은 지금 기대감에 부풀어서 크게 흥분할지도 모릅니다. 그렇습니다. 이 책을 읽는 것은 지금껏 경험했던 그 어떤 자기계발 서적이나 강의보다 여러분에게 훨씬 더 적합하며, 그런 과정을 통해 여러분의 인생에 있어서 중요한 터닝 포인트가 될 수 있습니다. 정말 멋지지 않습니까? 단언컨대, 이 책은 분명 여러분의 인생을 바꾸어 줄 것입니다.

다시 강조하자면, 이 책은 자신의 인생에 있어서 가장 중요하다고 생각하는 가치를 실현할 '특정한 계기'를 만들기 위해 고군분투하는 사람이나, 품고 있는 비전에 대한 확신이 없어서 때때로 절망하는 사람들에게 아주 유용합니다. 그렇다고 해서 이 책이 '일확천금을 얻게' 해주거나 '모든 문제를 해결'해 줄 거라고 기대해서는 안 됩니다.

이 책은 오늘TODAY의 힘과 잠재력에 대한 이야기이고, 인생의 전부는 아니지만, 대부분의 분야에서 성공을 이루기 위해 그것들을 어떻게 사용할 수 있는가에 대한 탐구입니다. 이 책에는 몇 가지 간단하지만, 매우 강력한 개념들에 관한 내용이 담겨 있습니다. 여러분이 그 개념들을 매일 사용한다면 바라는 목적지에 도착할 때까지 순조롭게 나아갈 수 있도록 해 줄 것입니다.

먼저, '오늘TODAY'의 실제 시간 틀과 그것이 여러분에게 가지는 중요성을 살펴보도록 하겠습니다. 그다음에 날마다 그것들을 최대한 활용하기 위해 필요한 마음가짐과 습관들을 기억하는 데 도움이 되도록 오늘TODAY이라는 단어의 각 문자를 이용하기 위해 두문자어를 분해할 것입니다. 그것들은 다음과 같습니다.

시간(**T**ime)

기회(**O**pportunity)

계발(**D**evelopment)

평가(**A**ssessment)

수확^2(**Y**ield^2)

수확 Yield이라는 단어 위쪽의 작은 2는 나중에 수확을 설명할 때 자세히 언급이 되겠지만, 이것은 거듭제곱으로서 여러분이 생산하는 것들이 폭발력 있고, 빠르게 성장하는 일과 관련이 있습니다.

여러분이 이러한 여섯 가지 요소들을 삶에서 실행할 때 정말 마법과 같은 일들이 일어나기 시작할 것입니다. 여러분의 꿈, 계획 그리고 목표들이 한 번에 한 걸음씩 살아 움직일 것입니다. 그리고 그것들 모두를 함께 사용할 때 여러분은 상상할 수 없을 정도로 놀라운 성장과 매일의 발전을 눈으로 보게 될 것입니다. 정말 기대되시죠? 저 또한 무척이나 기대가 됩니다. 흥미진진한 기대감을 안고 그 세계로 들어가도록 하겠습니다.

바로 지금이
프라임타임

이 책을 최대한 활용하기 위한 준비

시간에 대한 첫 번째 본론으로 들어가기 전에 우선 스스로 '준비'해야 합니다. 이 책의 제목은 '오늘의 힘The Power of TODA(Y)²'이고, 부제는 '올바르게 사용한다면 끊임없이 베풀어주는 선물'입니다.

'오늘'이라는 선물을 최대한 활용하기 위해서는 여러분 자신을 준비해야 합니다. 제대로 '준비primed'했느냐, 혹은 예상되는 상황에 대비했느냐 여부에 따라서 그날 하루의 생산성에 엄청난 차이가 생깁니다.

그것은 삽으로 땅을 파서 손수레로 옮기는 것과 큰 굴착기를 사용하는 것에 비교할 수 있을 정도입니다. 즉 모든 것은 여러분이 어떤 도구를 사용하느냐, 그리고 그것들의 사용 방법을 제대로 아느냐에 달려 있습니다.

저는 이 책에서 가지고 있는 잠재력을 최대한 활용할 수 있도록 여러분을 '준비시키기' 위해서 이 부분을 썼습니다. 프라임prime이라는 단어에는 많은 의미가 있지만 그중에서 일단 네 가지 뜻만 살펴보기로 하겠습니다.

첫 번째는 '최고의 품질' 또는 '최상품 부분'입니다. 고가의 부동산이나 최상품 쇠고기 부위 같은 것을 연상하면 됩니다. 우리 모두는 인생에서 최고―그 '프라임'한 것들―를 원합니다. 이 책에 있는 정보는 여러분이 그것들을 얻도록 도와줄 수 있습니다.

프라임의 두 번째 뜻은 '가장 중요한 것'입니다. 의사에게 가장 중요한 것은 환자의 건강이듯 말입니다. TODA(Y)^{2}의 각 부분에 나오는 기술과 주제들은 생산성과 성공에 가장 중요한 것들입니다.

프라임의 세 번째 뜻은 '어떤 기간의 시작점 또는 가장 초기 단계'를 말합니다. 초등학교primary school를 연상하면 잘 이해가 될 것입니다. 이 책의 콘셉트가 바로 성공으로 가기 위하여 가장 먼저 익혀 두어야 하는 것들입니다.

마지막으로 네 번째 그리고 이 책에서 가장 초점을 맞추는 프라임의 뜻은 동사로서 '**특별한 목적이나 행동을 위해 준비하거나 대비하는 것**'입니다. 미리 물을 부어서 펌프를 준비하는 것, 시동을 걸기 전에 차에 연료를 넣는 것 또는 페인트칠을 하기 전에 애벌칠을 먼저 하는 것들처럼 말입니다.

여러분은 이제 우리가 살펴볼 모든 분야에서 스스로를 준비해야 합니다. 그 준비가 진정한 성공을 가져다줄 것입니다. 만약 여러분이 집에 페인트칠을 해본 적이 있다면, 일단 칠하기 전 사전준비의 중요성을 아실 것입니다. 예쁘게 보이도록 마지막 페인트칠을 하기 전에 구멍을 메우고 사포질을 하고 밑칠을 해야 합니다.

마찬가지로, 아름다운 삶을 살기 위해서도 여러분은 먼저 준비를 해야 합니다. 이것은 아주 재밌지는 않지만 가장 필요한 일입니다. 만약 여러분이 펌프가 어떻게 작동하는지 이해하신다면, 제대로 퍼 올리도록 마중물[1]을 넣음으로써

---

1   (편집자 주) '펌프질을 할 때 물을 끌어 올리기 위하여 위에서 붓는 물'을 뜻한다.

그것을 준비하는 것의 중요성도 아실 것입니다.

우리 가운데 몇몇은 아주 바쁘게 살지만, 특별한 이유 없이 에너지는 말라가고 아무런 성과를 거두지 못합니다. 그것은 '바빠'지기 전에 자신을 준비하지 않았기 때문입니다. 다음은 여러분을 위해 왜 이런 정보를 만들었는지 설명해주는, 프라임의 모든 형태들을 사용한 문장입니다.

> "인생이 최상의 것들prime things로 가득 차게 하려면, 이러한 기초적이고 일차적인 생산 활동들primary production behaviors을 익히기 위해 당신의 생각, 행동, 마음 그리고 손을 준비시키는prime 것이 가장 중요prime importance하다."

여러분이 프라임이라는 단어에 대해, 그리고 제가 왜 그것을 사용하는지에 대해 좀 더 잘 이해했다면, 여기에 나와 있는 정보를 활용해서 실천에 옮길 수 있도록, 먼저 여러분의 생각을 준비하는 것이 좋을 것입니다.

"프라임PRIME"의 네 가지 정의: 매일매일을 최대한 활용하기 위해 자신을 준비하라!

1. 최고의 품질 또는 최상품 부분
2. 가장 중요한 것
3. 어떤 기간의 시작점 또는 가장 초기 단계
4. 특별한 목적이나 행동을 위해 준비하거나 대비하는 것

당신의 생각을 준비하는 것

만약 여러분이 생각을 바꿀 수 있다면 인생 또한 바꿀 수 있습니다. 생각을 바꾸는 것은 단순하게 새로운 지식을 배운다고 되는 일이 아닙니다. 그것은 여러분이 무엇인가에 대해서 사고하는 방식이 근본적으로 바뀔 때 일어납니다. 다시 말하면, 사고습관을 바꿀 때 일어납니다.

이 책의 나머지 부분들은 여러분이 이전과는 다른 새로운 방식들로 여러분을 둘러싼 모든 것들, 특히 다가오는 기회들에 '준비'되거나 여러분의 생각을 대비하도록 촉진할 것

입니다.

생각을 준비하는 것은 생각을 대비하는 것입니다. 사고, 태도 그리고 행동을 실제로 바꾸는 시작 또는 첫걸음입니다. 들어가기 전에 문을 여는 것과 같습니다. 만약 열린 사고를 하지 않는다면, 바꾸고자 하는 대상에 다가갈 수 없습니다. 이것은 참으로 큰 주제입니다. 그렇지만 지금 시점에서 그보다 더 중요한 것은, 스스로에 대해 그리고 현재의 습관들에 대해 여러분이 어떻게 생각하고 바라보느냐 하는 것입니다. 여러분은 이렇게 말할 수도 있습니다. "제이Jae, 저는 정신이 없는 사람이에요! 이 방법이 저에게 통할지 모르겠어요!"

또한, 여러분은 스스로를 시작은 잘하는데 끝은 맺지 못하는 사람으로 볼 수도 있습니다.

여기에 중요한 포인트가 있습니다. 여러분은 스스로 규정한 자기 정체성에 따라 행동합니다. 다시 말하면, 그 정체성을 바꾸어야 합니다. 좋든, 나쁘든 우리의 습관들은 생성의 뿌리가 있습니다. 그 시작점이 있다는 말입니다. 다시 말하면, 현재의 우리는 우리가 그동안 어떤 생각을 했는지에 대한 투영물일 뿐입니다.

하브 에커T. Harv Eker는 『백만장자 시크릿Secrets of The Millionaire Mind』이라는 책에서 우리의 사고 과정을 이렇게 표현했습니다.

> 생각은 감정으로 이어지고, 감정은 행동으로 이어지며, 이것은 결과와 같다.

좀 더 나아가서, 그는 우리의 생각들이 우리 자신의 프로그래밍으로부터 온다고 말합니다. 따라서 이렇게 정리할 수 있습니다.

프로그래밍 > 생각 > 감정 > 행동 = 결과

현재 여러분의 모습은 여러분이 생각하는 그런 사람과는 분명 다를 것입니다. 하지만, 단기간에 스스로를 다시 프로그래밍하고 새로운 습관들을 형성한다면, 새로운 삶을 영위하는 완전히 다른 사람이 될 수 있습니다.

어떤 남자 이야기

———

자신의 비즈니스가 옴짝달싹하지 못하게 엉켜버린 젊은 남자를 도와주는 한 멘토가 있었습니다. 그 젊은 남자는 정체기에 빠졌고 돌파구가 없는 듯이 보였습니다. 그와 대화를 하면서 멘토는 그 젊은 남자의 수많은 개인적인 두려움과 습관들을 발견했습니다.

그는 그 젊은이가 모든 것을 다르게 하도록 만들었습니다. 그 젊은이는 작은 집에서 살며 가구도 별로 없었습니다. 그럴 만한 돈이 있었음에도 말입니다. 그래서 그 멘토는 젊은이에게 더 좋은 곳으로 이사하고 가구도 더 살 것을 권했습니다. 또한 그 젊은이는 고양이를 무서워했습니다. 그래서 멘토는 힘들어도 고양이를 키워볼 것을 제안했습니다. 더나아가 채식주의자인 그에게 고기도 좀 먹어볼 것을 권유했습니다.

새로운 시도를 할 때마다 그 젊은이는 변했고 얼마 지나지 않아 잘되지 않던 비즈니스도 물꼬가 뚫려서 활기차게 뻗어가기 시작했습니다. 그는 자기 자신을 바라보는 시각을 바꾸었고 그것은 그의 비즈니스를 개선하는 데 많은 도움이 되었습니다. 마침내 그는 다른 태도를 지닌 다른 청년이 되었고 그것이 그의 환경을 바꾸었습니다. 몇 달 지나지 않아 그는 자신이 완전히 달라졌다고 말했습니다.

그래서 여러분이 저와 함께 이 여행을 시작하기 전에 당부하고 싶은 말은, 마음의 문을 열어서 항상 똑같은 사람, 똑같은 환경에 머무르지 않는 준비를 하라는 것입니다. 여러분이 어떠한 새로운 생각이나 습관들을 품느냐에 따라 결심하는 대로 모든 것이 이루어집니다.

스포츠 슈퍼스타들의 비밀

유명한 운동선수들은 P로 시작하는 다섯 가지 단어들의 달인들입니다: 준비Prime, 전망Perspective, 연습Practice, 위치Position 그리고 잠재력Potential.

스포츠에서는 승리를 결정짓는 패스를 보내고 그것을 잡아서 점수를 내기까지 정말 많은 훈련이 필요합니다. 공을 잡기 위해서 선수는 올바른 위치에 있어야 합니다. 올바른 위치에 있기 위해서 그들은 자기 주변의 선수들, 공의 위치 그리고 다른 사람들의 예상되는 움직임들을 아주 잘 인식하도록 자신들의 지각 능력을 훈련합니다. 그들은 또한 제때에 정확한 플레이를 수행할 수 있도록 연습을 통해 기술을 연마함으로써 대비하고 준비합니다.

모든 운동선수들에게는 승자가 될 수 있는 잠재력이 있습니다. 하지만 자신의 스포츠에 필요한 기술을 연습하지 않고 그 잠재력에 도달할 수 있는 사람은 아무도 없습니다. 운동선수들은 준비의 힘을 너무 잘 알고 있는 사람들의 '최고의 사례'입니다. 그들은 연습을 통해 정신적·육체적으로 자신을 철저히 준비하지 않고는 경기에 임하지 않습니다. 그들의 모든 연습과 준비들은 승리에 한 걸음 더 다가가게 해주는 원동력이 됩니다.

어떤 사람에게든지 인생에서 승리할 수 있는 잠재력이 있습니다. 이기느냐 그렇지 못하느냐는 자신을 어떻게 올바르게 위치시키느냐에 달려 있습니다. 그것은 우리가 올바른 관점을 어떻게 계발하느냐에 그리고 우리 자신들과 우리 주변 사람들, 우리를 둘러싼 기회들을 어떻게 인식하느냐에 좌우됩니다. 또한 우리가 성공으로 이끄는 올바른 습관들—우리의 잠재력에 합당하도록 우리를 위치시키는 습관들—을 연습함으로써 우리 자신을 얼마나 잘 준비하느냐에 달려 있습니다.

> "이 책의 다양한 요소들을 연습하는 것은 당신을 준비시키고 당신의 관점을 향상시켜서 당신이 자신의 모든 잠재력에 부응하도록 스스로를 위치시키게 해줄 것입니다."

바로 지금이 오늘 그리고 매일매일을 최대한 활용하기 위해 자신을 준비시켜야 할 '프라임타임'입니다. 이것이 첫 번째 부분을 시작할 포인트입니다.

오늘Today—올바르게 사용한다면 끊임없이 베풀어주는 선물.

여러분의 생각을 준비하기 위한 과제:
다른 사람이 되는 연습

우리는 하는 대로 자신을 '바라봅니다'. 평상시 행동 또는 반응들에 따라 우리 자신을 규정합니다. 이 과제에서 여러분이 주변에 있는 여러 가지 요소들을 조금씩 바꾸어봄으로써 지금까지 있었던 틀에서 벗어나기를 바랍니다. 여러분이 '항상' 하는 일상적인 것들 세 가지를 생각해보십시오. 이것은 무엇인가를 하는 순서, 머리를 꾸미는 방식, 입는 옷, 항상 먹는 음식 등등일 수 있습니다.

이제 몇 가지 것들을 다르게 하도록 연습해보십시오. 그리고 그것을 통해 주위의 사람들을 놀라게 할 수 있는지, 무엇보다 스스로를 놀라게 할 수 있는지 살펴보십시오!

오늘

올바르게 사용한다면 끊임없이 베풀어주는 선물

이 말은 사실이며, 내일 발생할 모든 일들에 영향을 주기 때문에 오늘을 어떻게 사는가는 대단히 중요합니다. 오늘 행하는 모든 움직임은 미래에 이룰 목표들에 적합하도록 자신을 준비하게 하고 올바른 위치에 서게 합니다. 우리에게 있는 모든 것은 오늘—지금 이 순간/현재—입니다. 과거는 결코 되돌릴 수 없습니다. 미래는 확신할 수 없으며 그것을 움직일 수 있는 유일한 방법은 바로 오늘 우리가 무엇을 하느냐입니다.

저는 이 책의 제목을 놓고 '오늘의 힘'과 '오늘이라는 선물' 사이에서 상당한 고민을 했었습니다. 한 가지 분명한 사실은 오늘TODAY이 매우 강력한 선물이라는 것입니다.

우리는 매일매일 이 지구에서 살아간다는 특권을 가지고 있으며, 어떻게 '나의 순간들을 가꾸느냐'에 따라 오늘은 무한한 '잠재적 씨앗'으로 가득 차 있습니다. 평생 많은 선물들을 받습니다. 그중에는 잘 쓰는 것도 있고 선반 위에서 먼지만 쌓이는 것도 있으며 또 더러는 버려지기도 합니다.

오늘이라는 선물이 갖고 있는 특징은 그것을 잘 사용하지 않는다면 다시 사용해볼 기회가 없다는 것입니다. 유효 기간이 오직 24시간이기 때문입니다. 대부분의 사람들은 오늘을 별것 아닌 것처럼 대하고, 어쩌면 내일이라는 시간이 주어지지 않을 수도 있다는 것을 깨닫지 못합니다. 그런 이유로, 오늘 해야 할 중요한 일을 '내일' 또는 다른 날로 미루고는 합니다. 그러나 분명한 것은 오늘 바꾸지 않는다면 내일도 전혀 달라지지 않는다는 것입니다.

한 가지 좋은 소식은 바로 여러분 스스로의 삶을 오늘 바꿀 수 '있다' 는 것입니다!

바라는 결과들을 오늘 전부 얻을 수는 없을지라도 변화를 '만들어낼' 수 있습니다. 올바른 방향으로 갈 수 있도록 '돛을 올릴' 수도 있습니다. 방향이 바뀌면 희망이 생깁니다. 여전히 여러분은 좋은 습관들을 기르고 그것에 맞게 일해야 하지만, 이 책에 제시된 원칙들을 따른다면 대부분의 사람들이 평생 이루는 것보다 더 많은 성공을 누릴 수 있습니다.

이것은 '벼락부자가 되는' 계획은 아니지만, 마치 항해사가 항로를 이탈하지 않도록 사용하는 나침판처럼 작지만 필요한 수정들을 하는 데 도움이 되도록 매일 사용할 수 있는 평가도구입니다.

많은 사람들은 자신들이 큰 변화를 만들어내야 한다고 생각하거나, 삶에서 작은 조정을 하는 것이 얼마나 대단한지 알지 못합니다. 단지 '약간' 벗어나는 것이 장래에 큰 차이를 만들 수 있습니다. 대런 하디Darren Hardy는 이것을 설명하기 위해 비행 비유를 사용합니다. LA에서 뉴욕까지 가는 비행기가 출발할 때 0.5도 정도 벗어나 있다면 목적지에 도착할 때는 공항에서 몇 마일이나 떨어져 있을 것입니다. 그것이 바로 파일럿이 항상 코스 교정을 하는 이유입니다. 만약 매일 이러한 코스 교정을 하지 않는다면 여러분은 목표에서 한참 벗어날 수 있습니다.

저는 제 삶의 다양한 영역들에서 이러한 코스 교정들을 사용해야 했습니다. 먼저, 사랑했던 여성과 결혼하기 위해서 코스를 수없이 교정해야 했습니다. 아내를 처음 만났을 때, 그녀와 결혼하고 싶다는 것을 곧바로 알았지만 많은 시련에 부딪혔습니다. 우선, 그녀는 여기에 단지 영어를 배우기 위해 잠깐 온 것이었고, 더 큰 문제는 그녀의 아버지가 딸의 캐나다 이민을 원하지 않았다는 것입니다. 미래의 제 장인 어른은 딸이 한국에서 살기를 원하셨습니다. 그런 장애들로 인해서 우리의 연애사업에는 한동안 많은 어려움이 있었습니다.

우리 회사의 식재료 판매 사업이 좋은 예가 될 것입니다. 우리 회사의 고객서비스 부서에는 꾸준히 우리 제품에 대한 칭찬 사례가 접수되고 있습니다. 그중에는 우리 제품이 중독성이 있어서 한번 먹기 시작하면 멈출 수가 없기 때문에, 아내들이 더 먹지 못하도록 막아야 한다는 식의 농담 섞인 칭찬도 있습니다.

어떻게 그렇게 맛있고 중독성 있는 제품을 만들었냐고요? 만드는 모든 제품의 레시피를 평균적으로 200번에서 300번 정도 수정하기 때문입니다. 완벽해질 때까지 수백 번씩 테스트해보고 미세 조정을 거듭합니다. 그 후에는 어떻게 되냐고요? 물론 알아서 잘 팔립니다. 한 입만 먹어보면 사람들이 그것에 열광합니다.

만약, 이러한 작은 변화들 하나하나를 하지 않았다면 지금처럼 우리의 사업이 성공가도를 달릴 수 없다는 것을 잘 압니다.

> "우리가 반복적으로 수행하는 것, 그것이 바로 우리 자신이다. 따라서, 탁월함은 단발적 행동이 아닌 습관에서 온다."
>
> — 윌 듀런트, 미국 작가, 역사가, 철학자

하루하루를 생산적으로 살아내면, 그러한 날들이 모여 결국 위대한 성과를 만들어낼 수 있습니다. 2013년은 저에게 경제적으로 몹시 힘든 시기였습니다. 그 후 몇 년이 지나 이 시기의 경험을 이야기하면, 사람들은 "불과 몇 년 만에 어떻게 재기할 수 있었나요?"라고 되묻고는 했습니다.

이런 엄청난 변화는 여러분에게도 일어날 수 있습니다. 여러분이 주어진 일에 하루하루 성실하게 임한다면 말입니다. 제 성공의 비결은 어쩌면 평범하고 상식적인 것입니다. 로켓을 쏘아 올리는 것과 같이 어렵고 복잡한 일이 아닙니다. 다만, 이런 상식이 실천되지 못한다는 것이 문제인 것입니다.

모든 사람이 제가 말씀드린 이 비결을 "단순한 상식"이라고 말하면서도 이루고자 하는 바를 이루지 못하는 이유는 무엇일까요? 그것은 바로 무엇을 해야 하는지 알면서도 하지 않기 때문입니다.

우리를 정신 차리게 한 아버지의 가르침

이 책과 오늘TODAY의 두문자어[2]에 대한 저의 생각이 시작된 이야기는 아주 단순합니다. 제가 앞에서 말씀드렸듯이 이 책이 시작된 계기는 제 아버지가 직원들과 저를 회의실에 모아놓고 훈계를 하신 일 때문이었습니다.

그때 저와 동료들은 엄청나게 큰 실수를 저질렀고, 아버지는 그 일에 분노하시면서 매일매일을 현명하게 사용하면서 일해야 한다고 말씀하셨습니다.

아버지는 우리에게 "너희들은 기본상식도 행하지 않고 있다! 모두 답을 알고 있는데도 하지 않고 있어!"라고 말씀하셨습니다. "매일매일을 현명하게 사용하라!"는 어구를 만드신 분이 제 아버지였습니다. 당시 저는 회의실에서 아버지의 훈계 말씀을 들으면서 오늘TODAY의 훈련이 되는 첫 몇 개의 단어들과 두문자어를 생각했습니다.

---

2 (편집자 주) '낱말의 머리글자들로 이루어진 단어'를 뜻한다.

> "우리 주변에서 상식은 비상식적으로 적게 관찰된다."
>
> — 스티븐 R. 코비, 미국 교육자, 사업가, 기조 연설자
> 그리고 『성공하는 사람들의 7가지 습관』의 저자
>
> "매일매일을 현명하게 사용하라!"
>
> — 제 아버지

사람들은 감정적인 반응을 불러일으킬 수 있는 새로운 개념을 배우지만, 행동으로 옮기지는 않습니다. 단지 자신의 생각 속에 저장하고 있을 뿐입니다.

제가 'H³ 앎Knowing H³'이라고 지칭하는 원칙이 있습니다. 그것은 머리Head에서 시작하여 마음Heart을 거쳐서 손Hand으로 가는 지식의 발달과정을 요약한 표현입니다.

그 세 가지 진행 단계들 중에서 많은 사람들이 앎을 머리에만 남겨두거나 어쩌면 1년에 한 번 새해 첫날에 시도해보기도 합니다.

소수의 사람들만이 진정한 변화를 일으킬 수 있는 단계에 도달합니다. 변화를 일으키기 위해서는 원하는 바를 이루는 데 소요되는 요소—전략이나 열정—만으로는 충분하지 않습니다. 그것을 뛰어넘는 단계에 도달해야 원하는 바를

얼을 수 있습니다. H의 세제곱 또는 H^3, 말하자면 머리와 마음과 손이 모두 함께 작동할 때 그곳이 바로 '힘'이 시작되는 곳입니다.

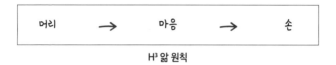

H³ 앎 원칙

무엇인가를 생각으로 아는 것은 차를 사는 것과 같습니다. 감정적 반응을 만들어내기 위해 앎을 여러분의 신념체계에 깊게 가라앉히는 것은 기름으로 연료탱크를 가득 채우는 것과 같습니다. 이제 여러분은 어디론가 갈 수 있는 잠재력이 있는 차량을 가지고 있습니다. 하지만 여러분이 차에 타지 않거나 시동을 걸지 않거나 액셀을 밟지 않는다면, 아무 곳에도 갈 수 없을 것입니다. 여러분은 멋진 차를 바라보며 그 차를 가지고 있다는 사실에 자랑스러워하겠지만 그저 그뿐입니다. 그 차는 만들어진 목적을 단 하나도 달성하지 못할 것이 분명합니다.

지식은 우리에게 자부심을 불어넣어 줄 수 있습니다. 우리는 무엇인가를 알고 있기 때문에 우리 자신이 정말로 중요한 어떤 존재라고 생각합니다. 하지만, 우리가 경험에 의해 그것을 알기 전까지는 결코 '제대로' 알지 못할 것입니다. 우리의 지식으로 무엇인가를 하는 것이야말로 그 힘을 활성화시키는 열쇠입니다.

"지식은 잠재된 힘이다——실천이 그 힘을 활성화시킨다!"
— 박혁제

'때'의 소용돌이라는 위험

———

소용돌이에 휩쓸려서 밑바닥으로 빨려 들어가는 보트를 생각해보십시오. 해야 할 일을 하지 않고 다음으로 미루는 것은 목적지에 도달하지 못한 채, 끝없이 소용돌이에 휩쓸리는 보트와 같습니다. 마침내, 여러분의 꿈은 다시는 볼 수 없는 저 깊은 곳에 가라앉고야 말 것입니다.

많은 사람들이 "오, 내년에 할 거야" 또는 "…할 '때' 할 거야"

라는 함정에 종종 빠지고는 합니다.

"돈을 좀 더 벌 '때' 저축할 거야."

"시간이 좀 더 있을 '때' 학교로 돌아가 학위를 마칠 거야."

"축제 기간이 끝날 '때' 식습관을 개선할 거야."

"은퇴할 '때' 여행할 거야."

'그때'가 일어날 때까지 기다리는 것은 잘못된 생각입니다. 왜냐고요? 그 이유는 너무도 단순합니다. 내일은 확실한 것이 아니기 때문입니다. 저는 내일이라는 시간이 보장된다고 생각했지만 사고나 질병 또는 다른 비극적인 사건으로 인해 너무 일찍 세상을 떠났던 많은 사람들을 보아왔습니다.

우리가 패밀리 비즈니스를 하면서 가장 깊은 고통을 느꼈던 때 중 하나는 우리와 같이 일하던 MJ라는 젊은 여자 직원이 회사에 나타나지 않은 날이었습니다. 그녀의 동료 중 한 명이 매일 아침 기차역에서 그녀를 태워오고는 했지만, MJ가 평소 시간에 도착하지 않고 전화도 받지 않자 이미 근무시간에 늦은 친구는 무엇인가 섬뜩함을 느끼면서 기차역을 떠났습니다.

그날 늦게 우리는 MJ가 거리를 건너던 도중 트럭에 받혀 즉사했다는 비극적인 뉴스를 들었습니다. MJ와 같이 잠재력이 너무도 많은 어린 동료를 잃는 비극을 경험하면 우리가 가진 매일의 소중함을 깨닫게 됩니다. 저는 단 하루도 당연하게 받아들이거나 저에게 주어진 시간이라는 선물을 낭비하고 싶지 않습니다. 언제 그 시간이 다할지 우리는 결코 알 수 없습니다.

때로는 상황이 바뀌어 더 이상 그것을 할 기회가 없거나 여러분이 나이가 들어 그것을 할 힘 또는 에너지가 없을 수도 있기 때문에 미래의 어느 시점까지 기다리는 것이 아무 소용이 없을 수도 있습니다.

"…할 '때' 할 수 있어"는 잘못된 생각입니다. 성공한 사람들은 그 누구든지 행동을 취하기로 결심하는 데 한 달, 1년 또는 10년이 걸리지는 않습니다. 그들은 바로 지금 그것을 합니다.

"할 만한 가치가 있다면 바로 지금 하는 것이 가치가 있다."

주변 사람들에게 제가 일을 신속하게 처리한다는 것을 보여주는 예시를 몇 가지 제시해달라고 요청했습니다. 그중에서 좋은 친구이자 회사의 주요 운영 관리자인 데이브Dave는 웃으면서 이렇게 말했습니다. "우리는 모든 것을 빠르게 하지요!"

그는 계속해서 이렇게 말했습니다. "'할 만한 가치가 있다면 바로 지금 하는 것이 가치가 있다'에 대해 이야기해보자면, 당신은 그 사람이 특별하다고 느끼면 관계를 형성하려고 노력합니다. 또한 회사에 누군가가 필요하다고 느끼면 당신은 너무 심사숙고하는 대신에 바로 사람을 구합니다. 당신은 항상 그 순간을 잡습니다."

저는 누군가를 해고해야 할 때도 마찬가지인 것에 대해 농담을 한 다음, 그것을 책에 넣지 않는 편이 좋겠다고 말했습니다. 모두가 웃었지만 데이브는 "해고해야 할 때도 너무 오래 끌기보다는 바로 하는 것이 낫습니다!"라고 덧붙였습니다. 그가 옳습니다. 그것은 고통스럽고 힘든 일이지만 잘못된 사람을 중요한 위치에 두는 것보다는 낫습니다.

앞에서 저희 회사가 제품을 완벽하게 만들기 위해, 수백 번

수정한 것을 말했습니다. 하지만 그것이 제품 생산에 들어가는 시간이 오래 걸린다는 의미는 아닙니다. 최근에 저희는 큰 유통업체에 새로운 제품을 납품할 수 있는 기회를 얻어서 거래를 성사시켰고, 레시피를 다 완성하기도 전에 모든 기계와 공장을 준비했습니다.

어떤 사람들은 오리를 운동시키기 전에, 줄 세우기 위해 너무 오래 기다립니다. 할 만한 가치가 있는 일이라면, 완전히 준비가 되어 있지 않더라도, 그냥 무엇이든지 해보십시오! 때때로 여러분은 성공하지 못할 것이라고 '지레' 생각하기 때문에 그 일을 하지 않습니다. 만약 여러분이 실패할 리 없다는 것을 안다면 어떻게 하시겠습니까? 많은 경우 우리는 "아아, 어쨌든 절대 안 될 거야…"라고 말함으로써 스스로를 겁먹게 하고, 그래서 시도조차 해보지 않습니다.

> "기다리지 말라. 적당한 때는 결코 오지 않는다."
> — 나폴레온 힐, 「Think and Grow Rich」로 잘 알려진
> 미국의 자기계발서 작가

그럼 이제 자기가 꿈꾸던 일을 이루기엔 시간이 부족했던

한 남자에 관한 이야기를 들려드리겠습니다.

자기 자신을 파괴시키는 부주의

한 젊은 여성이 차 사고로 사망한 아버지가 남긴 봉투를 보면서 오빠의 집 식탁에 앉아 있었습니다. 아버지는 휴대폰을 보는 데 정신이 팔려 빨간불을 미처 보지 못한 부주의한 여성 운전자에게 교통사고를 당하고 말았습니다. 그리고 지금 그들이 봉투에서 꺼낸 것 중 하나는 접혀 있는 종이로 거기에는 아버지가 휘갈겨 쓴 메모가 있었습니다.

아버지는 그것을 딸이 태어난 날에 적었습니다. 그것은 죽기 전에 하고 싶은 일들을 길게 나열한 그의 '버킷 리스트 bucket list'였습니다. 그의 딸은 지금 29세였는데 아버지는 죽기 전에 버킷 리스트에 있는 것들 중 겨우 다섯 가지만을 이루었습니다.

아버지의 악필에 대해 농담을 하면서 그들이 눈물을 흘리며 목록을 읽는 동안 그녀와 오빠는 자신들이 아버지의 버킷 리스트 소망들 가운데 몇 가지를 각자 실행했다는 것을 깨달았습니다. 그 젊은 여성은 아버지의 명예를 기리기 위해 목록에 있는 나머지 것들을 하기로 결심했습니다. 그녀는 또한 안전운전을 위한 옹호자가 되어 사람들에게 부주의한 운전이 초래하는 위험에 대해서도 알렸습니다.

이 이야기는 감동적이지만, 한편으로는 한 사람이 거의 30년 동안 자신의 버킷 리스트 중에서 겨우 다섯 가지만 이루었다는 슬픈 사실도 보여줍니다. 그는 부주의한 운전자에게 목숨을 잃게 될 것이라고는 생각조차 하지 못했습니다. 그는 자신에게 아직도 시간이 많다고 생각했을 것입니다.

이 이야기에는 두 가지 중요한 메시지가 있습니다. 첫 번째는 시간이 다하기 전에 지금 하고 싶은 일을 하라는 것입니다. 그리고 두 번째는 부주의가 주는 파괴적인 결과입니다. 부주의로 인해 우리는 '시간을 죽이고' '꿈을 죽이며' 극단적으로는 이 경우와 같이 실제로 사람을 죽이게 됩니다. 부주의가 여러분이 중요한 일에 집중하는 것을 방해하지 못하게 하십시오.

너무 오래 기다리지 마십시오. 시간은 결코 여러분을 기다리지 않습니다!

여러분이 이 훈련의 첫 번째 부분에서 얻기를 바라는 두 가지 사항들은 다음과 같습니다:

1. 여러분에게는 여러분의 삶을 바꿀 능력이 있습니다. 하지만 오늘의 힘The Power of TODA(Y)^{2}은 순간을 살아가는 것에서 나옵니다.

2. 할 만한 가치가 있는 일이라면 바로 지금 하는 것이 가치가 있습니다. 왜냐하면 여러분에게 내일은 없을지도 모르기 때문입니다.

이 말이 내일이 없는 것처럼 지금 당장 파티를 즐기는 욜로 YOLO, You Only Live Once와 같이 오늘만을 위해서 살아야 한다는 것을 의미하지는 않습니다. 더 나은 내일을 누릴 수 있도록 지금 '올바른 일'을 하십시오. 그리고 다른 사람들의 내일을 위한 유산을 남겨두십시오!

무엇보다, 오늘을 기쁘게 받아들이십시오. 마치 선물인 것처럼 오늘TODAY을 받으십시오. 그 선물을 활짝 열어서 최대한 활용하십시오!

> "당신은 한 번에 한 순간씩 당신 삶에 대한 이야기를 쓰고 있다."
>
> ─ 닥 칠드리와 하워드 마틴, 『스트레스 솔루션』

오늘은 무한한 잠재력을 가질 수 있지만 유감스럽게도 유한한 척도, 즉 시간Time에 의해 제한되어 있습니다. 매일매일은 오직 24시간만으로 이루어져 있습니다. 우리가 그 24시간 중에서 많은 부분을 사용할 수는 있지만 전부를 사용할 수는 없습니다. 일정 시간은 수면을 취해야 하기─즉 항상 깨어 있을 수는 없기─때문입니다.

우리가 살펴볼 오늘의 첫 번째 중요한 요소는 시간입니다. 시간은 여러분이 어떻게 다루는가에 따라 적이 될 수도, 친구가 될 수도 있습니다. 다음에는 우리가 어떻게 시간과 좀 더 보람 있는 관계를 발전시킬 수 있을지 살펴보도록 하겠습니다.

시간

___

당신의 가장 소중한 것
어떻게 그것을 '당신의 편'으로 만들 것인가?

시간과 같은 비인격체와 관계를 갖는 것이 이상한 말로 들릴 수도 있습니다. 하지만, 현실은 사람과 장소, 사물에 이르기까지 삶과 관련된 모든 것들이 서로 관계를 맺고 있습니다. 예를 들면, 어떤 사람들은 음식과 그다지 건강하지 못한 관계에 있습니다.

우리가 대상을 어떻게 바라보는가는 우리가 그것과 맺고 있는 관계의 유형에 영향을 미칩니다. 예를 들어서 우리가 누군가를 적으로 바라본다면 적대감으로 대하게 되겠지요. 그들이 우호적이라고 생각한다면 그들에게 더욱 따뜻하고 개방적일 것입니다. 그것이 음식이든 도시이든 간에 우리가 무언가에 나쁜 경험을 했다면, 그것을 싫어하거나 미워할 것이며 그것에 부정적인 감정을 가질 것입니다.

많은 사람들이 시간에 대해 화를 내거나 심지어 시간을 증오한다고 말하는 것을 들어왔습니다. 마치 시간이 그들에게 맞서며, 그들이 원하는 것을 얻는 데 있어 하루라는 시간이 충분하지 않다고 생각하는 것 같았습니다. 그들은 시간을 적으로 생각합니다.

적을 어떻게 하기를 원하나요? 그렇습니다. 적은 죽여야 합니다. 그런 의미에서 '그냥 시간을 죽이고 있어'라는 말은 시간에 대해 가지는 낮은 가치를 보여줍니다. 하지만 실제로는 시간은 선물입니다. 더 많이 존중해주고, 가치 있게 그것을 대한다면 시간은 우리의 친구가 될 수 있습니다.

우리 모두에게는 시간이라는 선물이 있습니다. 하지만 우리 중 그 누구도 우리에게 주어진 선물이 얼마나 오래 지속될지 알 수 없습니다. 그래서 우리는 우리가 갖는 모든 순간을 누릴 필요가 있습니다.

어떤 사람들은 단지 1년 만에 다른 사람들이 평생 하는 것보다 더 많은 일을 합니다. 시간이 없다고 불평하는 사람들이 있습니다. 그렇지만 그들은 여전히 휴대폰으로 게임을 하거나 텔레비전을 보거나 소셜 미디어에 빠져 있거나 아침에 자명종을 계속 끄면서 베개를 껴안고 있을 시간은 있는 것처럼 보입니다.

누군가 제 휴대폰에 게임 링크를 보내면서 "이거 한번 해봐!"라고 말한다면 저는 "그럴 시간 없어!!!"라고 대답합니다.

평범한 사람은 직장에서 돌아와 저녁을 먹고 아이들을 재우고서는 텔레비전으로 심야 뉴스나 좋아하는 프로그램을 보면서 자정까지 깨어 있습니다. 하지만, 저와 제 파트너 몇 명은 정규 업무를 끝내고 집으로 돌아와 저녁을 먹고 아이들을 재운 다음에 밤 9시부터 12시까지 우리의 '드림 프로젝트'를 진행하는 회의를 갖습니다.

이 책에 대해 가장 최근에 진행된 브레인스토밍brainstorming 회의에 참석한 사람들 가운데 한 명이 저희의 저녁회의가 얼마나 색다른지 언급했습니다. 그는 "제가 누군가에게 밤

9시에 비즈니스 미팅에 갈 것이라고 말했더니 그들은 '뭐라고? 지금 회의에 참석한다고?'라고 하더군요. 정해진 '업무시간'을 지나서 회의를 갖지 않는다는 암묵적인 규칙이 있는 것 같더군요!"라고 말했습니다.

사람들은 종종 저와 만나서 사업 아이디어나 멘토링을 위해 저의 지혜를 얻기를 원합니다. 저는 스케줄을 보고 "그래요, 이번 토요일 아침 5시 어때요?"라고 말합니다. 많은 사람들이 얼마나 그 시간에 일어나기 싫어하는지 정말 놀랄 정도입니다. 이른 아침식사 모임을 가짐으로써 그들과 저의 소중한 시간을 기꺼이 나눌 의향이 있지만, 그들은 꿈을 이루기 위해 무엇인가 불편한 것들을 할 준비가 되어 있지 않습니다.

모두가 비즈니스, 스포츠 및 엔터테인먼트 분야에서 성공한 사람들을 우상화합니다. 사람들은 그들의 삶이 매력적이고 쉽게 이루어진 것이라고 생각합니다. 하지만, 사람들은 그들이 정상을 차지하기 위해 매일 얼마나 많은 것들을 희생했는지는 깨닫지 못합니다.

우리 모두에게 하루는 24시간으로 동일하게 주어집니다.

그리고 그 24시간 동안 무엇을 할지에 대한 각자의 선택이 결과의 차이를 만듭니다.

> "달력에 속지 말라. 1년에는 당신이 사용하는 만큼의 날들이 있을 뿐이다. 어떤 사람은 1년 동안 오직 일주일의 가치만을 얻는 반면에 다른 사람은 일주일에 1년의 가치를 얻는다."
>
> ─ 찰스 리처즈, 공인심리치료사, 작가

시간은 계절, 년, 월, 주, 일, 시간, 분 및 초로 분류된 측정의 한 형태입니다.

묘비를 보면, 두 개의 날짜가 있음을 알 수 있습니다─출생일과 사망일. 이렇듯 우리의 삶은 정해진 시간 안에서 측정됩니다. 매 순간마다 우리는 묘비의 두 번째 날짜에 한 걸음 더 다가갑니다.

시간이 곧 삶이라고 말할 수도 있습니다. 어떤 면에서 시간을 죽이는 것은 스스로를 천천히 죽이는 것과 같습니다! 그것은 우리 삶의 일부를 버리는 것입니다. 반면에 시간을 현명하고 생산적으로 사용하면 미래의 시간을 얻고 유산을 남길 수 있습니다.

> "시간=인생이다. 따라서 당신의 시간을 낭비하는 것은 당신의 인생을 낭비하는 것이고 당신의 시간을 지배하는 것은 당신의 인생을 지배하는 것이다."
>
> — 앨런 라킨, 개인 시간관리에 대한 글을 쓴 작가

우리는 시간을 사용하면서 우리의 인생 또한 사용하고 있습니다.

시간은 지구상에서 가장 소중한 것입니다. 그것은 세상의 어떤 보물보다 더 가치가 있습니다. 시간이 없으면 그러한 보물들 가운데 어떤 것도 즐길 수 없기 때문입니다. 또한, 시간은 구입할 수도 판매할 수도 또는 다른 사람에게 양도할 수도 없습니다. 우리는 그것을 최대한 활용하기 위해 잘 사용하고 관리할 수 있을 뿐입니다.

무엇보다, 시간은 지나면 다시 되돌릴 수 없습니다. 그것은 매우 유한합니다. 시간은 오직 순간으로만 존재하며 여러분은 그것이 언제 다할지 결코 알 수 없습니다. 우리 가운데 너무 많은 사람들이 자주 하는, 인간이 할 수 있는 가장 큰 실수 중 하나는 우리에게 아주 많은 시간이 있다고 생각하는 것입니다. 가지고 있던 가장 귀중한 것을 어리석은 일에

낭비했기 때문에 대다수의 사람들의 미래는 후회로 가득 찰 뿐입니다.

여러분은 얄팍한 상술에 속아 쓸데없이 비싼 물건을 사고서는 결국 돈을 돌려받지 못한 적이 있었나요? 잘못된 제품을 구매한 후 겪는 후회는 고통스럽지만, 여러분이 꿈을 이루지 못했다는 것을 깨달을 때 인생의 끝에서 느끼는 고뇌와 비교하면 아무것도 아닙니다.

또 다른 비극은, 정말로 하기를 원하는 것을 마침내 하기까지 아직 많은 날들이 남아 있다고 생각하는 많은 사람들이 버킷 리스트 이야기의 남자처럼 너무 이르게 인생을 마감한다는 것입니다. 많은 사람들이 자신의 꿈을 이루기 위해 은퇴할 때까지 기다리지만 심각한 질병 같은 것을 얻기도 합니다. 그들이 그토록 쓰고자 했던 인생이라는 책은 그들과 함께 끝나고야 맙니다. 다른 사람들을 위해 인생을 더 쉽고 즐겁게 해줄 발명품은 결코 만들어지지 않습니다. 그들이 배운 중요한 것들은 결코 다른 사람들에게 전달되지 않습니다.

어떤 사람들은 '지금 이 순간을 누려라'를 의미하는 '카르페

디엠Carpe diem'을 모토로 삼습니다. 우리는 시간을 붙들 수 없기 때문에 그것이 사라져버리기 전에 '지금 이 순간을 누리'거나 우리에게 주어진 그 어떠한 순간이든 잡아야 합니다. 우리는 시간을 멈추거나 그것을 더 많이 만들 수는 없지만, 가장 가치 있는 활동들에 그것을 사용할 수는 있습니다.

소중한 순간을 잡아서 최대한 활용하려면 지금과 미래에 우리에게 가장 중요한 영향을 미치는 것들을 파악하고 '바로 지금' 해야 합니다.

제가 이 순간을 누리는 방법 중 하나는 이 책을 쓰는 것입니다. 저는 책에 대한 아이디어를 한동안 가지고 있었지만 글쓰기에 능숙하지는 않습니다. 저는 제 자신을 작가라고 생각하지 않습니다. 하지만 그런 생각이 이 책을 쓰지 못하게 만들지는 않았습니다. 저는 혼자만 누리기에는 이 책의 정보가 너무나 소중하다는 것을 알았기에 다른 사람들과 공유하려고 책을 쓰게 되었습니다.

저는 글을 쓰는 데 도움을 얻기 위해 몇 차례 시도했지만 잘되지 않았습니다. 저는 포기하지 않았고 노엘라 리더Noella Reeder라는 친분 있는 작가에게 요청했습니다. 그녀는 다른 누군가를 위해 한 번도 책을 써보지 않았지만 저는 이렇게 요청했습니다. "일단 한번 해보고 어떻게 되는지 봅시다." 우리는 의기투합했고, 오랫동안 제 마음속에 있었던 책은 드디어 세상에 빛을 보았습니다. 아이디어가 있지만 실현시킬 재능이 없다고 느껴지더라도 그 생각이 여러분을 그만두게 만들지 마십시오. '이 순간을 누리'고 그것을 실현할 수 있는 방법을 찾으십시오!

지렛대의 힘

___

저는 노엘라와 이 책을 같이 쓰게 되었을 때 지렛대의 힘을 사용했습니다. 책을 쓰는 꿈을 이루기 위해서 다른 사람의 재능과 시간을 제 것과 결합하여 활용했습니다. 다른 말로 하면, 제게 부족한 점을 장점으로 가진 사람들과 관계를 지속적으로 발전시키면서 그들도 저의 장점에서 이익을 얻을 수 있도록 하였습니다. 그런 방식으로 우리는 혼자였다면 결코 이루지 못했을 일을 함께 성취할 수 있었습니다.

우리는 과학시간에 지렛대의 힘에 대해서 배웠습니다. 그 것은 받침대와 막대기의 힘을 이용하여 무거운 물체를 들 어 올리는 것입니다. 자신의 힘과 받침대 및 막대기의 힘 사 이의 관계는 자신의 능력 이상으로 무엇인가를 들어 올릴 수 있게 합니다.

인생에서 지렛대를 사용하면 시간을 절약하고 특정 시간 안에 할 수 있는 일의 양을 늘릴 수 있습니다. 혼자 집을 짓 는 사람은 수년이 걸리지만 숙련된 노동자 팀이 있다면 몇 주 안에 집을 지을 수 있는 이치와 같습니다.

오늘날 많은 사람들이 모든 일을 스스로 할 수 있다는 것에 자부심을 가지고 있습니다. 매우 개인주의적인 사회인 이 곳 캐나다에서도 개인적으로 혼자서 일을 처리하는 경향 때문에, 팀을 꾸려 일하면 시간이 단축되는 이점을 잊어버 릴 때가 있습니다.

하지만, 무엇인가를 창출하고 싶은 꿈이 있다면 일을 더 빠 르게 그리고 더 잘할 수 있도록 여러분과 파트너를 맺을 사 람이 있는지 잠시 시간을 내 생각해 보십시오.

> "보통 사람들은 시간의 흐름에 대해 걱정하지 않는다; 그러나 재능 있는 사람들은 시간이 흐른다는 사실에 자극받아서 더 열정적으로 활동한다."
>
> — 아르투어 쇼펜하우어, 독일 철학자

제발 소셜 미디어, 텔레비전 시청 또는 게임과 같은 쓸데없는 일들에 우리의 소중한 시간을 낭비하지 마십시오. 휴식을 취하고 즐거운 시간을 보내는 것은 좋습니다. 다른 사람들과의 관계를 유지하는 것도 멋진 일입니다. 다만 그것이 우리와 다른 사람들에게 정말로 가치 있는 일들이 자리 잡아야 할 공간마저 잠식한다면 우리 삶에서 정말 중요한 것이 무엇인지 진지하게 생각해야 합니다.

우리에게 내일이라는 시간이 있을지 없을지를 정말로 모르기 때문에 우리는 오늘 무엇이든 해야 합니다. 진부한 질문인지 모르지만, 여러분의 삶이 단지 몇 시간밖에 남지 않았다면 무엇을 하시겠습니까? 텔레비전을 보면서 놀고 싶습니까, 아니면 사랑하는 사람들과 좋은 시간을 보내고 싶습니까?

우리는 세상을 더 좋은 곳으로 만들어주는 노래, 발명품, 지식 또는 친절한 행동과 같이 다른 사람들과 공유할 수 있는, 소중한 유무형의 자산을 남길 수 있습니다.

우리가 시간을 활용하는 것은 마치 투자와 같습니다. 돈을 모두 낭비해버리고 은퇴 준비와 같은 중요한 일들을 위해 결코 저축하지 않는 것과 같이 우리는 모든 시간을 경박한 활동에 소모해버릴 수 있습니다.

여러분이 시간의 힘에 대해 생각하고, 그것을 제대로 사용할 때 시간이 어떻게 여러분의 편이 될 수 있는지에 대해 그림을 그려보시기를 권합니다.

시간의 증식력

———

초기 투자와 복리의 힘에 대해서 살펴보도록 하겠습니다. 이해를 돕기 위해서 은퇴를 위해 투자한 두 남자—두 사람 모두 투자에 대해 8%의 수익을 얻는—에 대한 예를 들겠습니다.

존은 연간 2,000달러, 즉 월 166달러를 25세 때부터 35세까지 '단 10년 동안' 투자합니다. 그런 이후 그는 투자를 멈추었고, 돈은 그가 65세가 될 때까지 스스로 '복리로' 자랍니다. 이렇게 하면, 그는 은퇴 시점까지 약 300,000달러를 모으게 됩니다.

랠프는 35세가 될 때까지 기다렸다가 65세가 될 때까지 '30년 동안'—존보다 3배 더 긴 시간—매년 같은 2,000달러를 투자합니다. 이렇게 하면, 그는 약 227,000달러를 모으게 됩니다.

'60,000달러'를 투자하고 '227,000달러'를 모은 랠프와는 달리 존은 '20,000달러'만 투자하고도 은퇴 자금으로 '300,000달러'를 모으게 됩니다. 다시 말하면, 존은 3분의 1의 기간 동안 '40,000달러'를 더 적게 투자했음에도 랠프보다 '70,000달러' 이상을 더 모았습니다.

만약 존이 '복리로' 10년이 아니라 40년 동안 일관되게 투자했다면 그는 대략 '518,000달러'—추가로 '200,000달러' 이상—를 모았을 것입니다.

위 예는 우리가 지속적으로 좋은 수익을 내는 대상에 적은 투자를 함으로써 시간을 우리의 편으로 만드는 것에 대한 완벽한 그림을 보여줍니다. 그러니 제발, 기다리지 마십시오! 이미 시간을 낭비했다면 지금부터라도 그것을 현명하게 사용하기 위해 고심해야 합니다.

> "핵심은 시간을 유예하는 것이 아니라 **투자하는 것이다**."
> ― 스티븐 R. 코비, 미국 교육자, 사업가, 기조 연설자, 『성공하는 사람들의 7가지 습관』 저자
>
> "**당신이 무익한 일을 하는 데 너무 많은 시간을 '소비'한다면, 당신은 '변화 없음'을 얻게 될 것이다!**"
> ― 그레그 리더, 교육자, 강사

사실 두 명의 투자자 모두 매우 현명했습니다. 그들은 분수에 넘치는 생활을 하며 돈을 전혀 모으지 않고 부채만 남기는 오늘날의 평범한 사람들보다 훨씬 많은 일을 했습니다. 많은 사람들이 돈의 횡재를 기다리거나 은퇴 자금을 위해 복권에 희망을 품고 살아갑니다. 결국 그들에게 돌아오는 것은 무엇이겠습니까?

설령 여러분이 지금 나이가 들었고 또 아직 시작하지 못했다고 해도 절대로 절망하지 마십시오. 지금도 시작할 수 있으며, 더 큰 수익을 가져다주는 것들에 시간을 투자할 기회

를 찾을 수 있습니다. 깨달아야 할 중요한 점은 여러분이 '지금' 시작할 필요가 있다는 것, 그리고 여러분에게 있는 각각의 '오늘'을 최대한 활용하여 바닥에 잠겨 있는 잠재력까지 모두 퍼 올려서 계속 사용해야 한다는 것입니다!

여러분은 현재 시간에 대해 어떤 투자를 하고 계십니까? 위에서 예시한 금융 투자 사례를 통해 알 수 있듯이 오랜 시간에 걸쳐 꾸준히 이루어졌던 적은 금액의 투자가 실제로 큰 이익을 가져다줄 수 있습니다. 이것은 우리에게 중요한 시사점을 던져줍니다.

우리는 대부분 매일 조금씩 하는 대신에, 몇 가지 중요한 일을 한꺼번에 하기 위해 '때'를 기다리는 실수를 합니다. 그뿐만 아니라, 배우자와 의미 있는 관계를 맺거나 운동을 하거나 심지어 집을 청소할, 충분한 시간이 생길 때까지 기다립니다.

하지만, 기다리는 시간이 길어질수록 상황은 더 나빠진다는 것을 명심하시기 바랍니다. 우리가 파트너와 매일 짧은 대화를 나누고, 한 시간 대신에 10분에서 30분가량 운동을 하며, 한 번에 한 가지씩만 청소를 한다면 우리는 지금처럼 주변여건에 압도되지 않을 것입니다. 마찬가지로, 하루에 한 페이지씩만 글을 쓴다면 1년이 되기 전에 한 권의 책을 완성시킬 수 있을 것입니다.

여러분이 스스로에게 "조금씩이라도 할 거야"라고 말함으로써 하고 싶지 않은 일을 하도록 자기 자신을 동기화할 때, 뉴턴의 운동법칙 중의 하나인 '관성의 법칙The Law of Inertia'이 시작됩니다. 관성의 법칙은 다음과 같이 정의할 수 있습니다.

모든 물체는 그것에 작용하는 외부의 힘에 의해 상태를 바꾸도록 강제되지 않는 한 정지해 있을 것이다.

사람을 움직이게 하려면 의지로 대변되는 '내적인' 힘이 필요지만, 물체는 일단 한 번 움직이기 시작하면 계속 움직이려는 경향이 있습니다. 이것에는 매우 중요한 의미가 있습니다. 만약, 닦아야 할 접시가 산더미처럼 쌓여 있고 여러분이 그 모든 접시를 닦기에 너무 지쳐 있을 때, 스스로에게 유리컵들만 닦는다고 이야기하고 일단 시작한다면 대부분

산더미와 같은 접시를 모두 닦을 수 있습니다.

책 한 권 전체를 쓰는 것은 큰일처럼 보이지만 500단어를 쓰는 것은 지금 당장 할 수 있는 일입니다. 마찬가지로, 여러분에게 의미가 있는 것들에 매일매일 소중하지만 적은 시간을 투자하면, 그것들은 미래에 커다란 수확으로 다가옵니다.

매일 작은 변화를 줌으로써 새로운 습관을 만드는 데는 평균 21일이 소요된다고 합니다. 여기에 착상을 하여, 저는 사람의 인생에 중대한 변화를 유발할 수 있도록 짧고 쉬우며 실행 가능한 일련의 프로세스가 포함된 21일짜리 미니 과정들을 준비하는 중입니다.

우리는 오늘의 힘The Power of TODA(Y)²을 보고 있습니다. 오늘 TODAY은 무엇입니까? 그것은 시간Time입니다. 시간은 소중합니다. 그것은 사거나 팔거나 교환하거나 제공할 수 없으며 매우 유한합니다. 또한 시간이 얼마나 많이 남았는지 절대 알지 못합니다. 그것이 언제 다할지도 모릅니다.

젊거나 나이 든 것은 중요하지 않습니다. 시간이 완전히 사라져 버리기 전에 최대한 활용해야 합니다. 우리는 시간을 소중히 여기고 경외심을 가지고 대함으로써 우리 편으로 만들 필요가 있습니다.

우리의 삶은 시간으로 측정되지만 성취와 관계로도 측정됩니다. 진정한 가치, 또는 삶의 가치는 여러분이 시간과 함께 했던 일들의 합계입니다. 사람들은 다른 사람들의 삶에 미친 영향으로 가장 많이 기억됩니다.

몇몇 사람들은 부정적인 영향을 미칩니다. 어떤 사람들은 중립적으로 단지 존재합니다. 그리고 일부 사람들은 그들이 남긴 사랑과 봉사의 유산 때문에 삶의 모범으로 숭상되어 다른 사람에게 소중한 존재로 여겨집니다.

우리는 오늘TODAY의 다음 요소—기회Opportunity—를 준비하도록 우리 자신을 훈련해야 합니다. 그럼으로써 긍정적인 관계와 유산을 구축할 수 있습니다. 스파이나 엘리트 훈련을 받은 요원들에 대한 영화를 본 적이 있으실 것입니다. 그들은 처한 곤란한 상황을 벗어나거나 적을 쓰러뜨리기 위해 존재하는 모든 것을 활용합니다. 즉, 전투 장면에서는 거의 모든 것이 무기가 될 수 있습니다.

다음 부분에서는 인생이라는 전투에서 승리하고 목표를 달성하는 데 도움이 되도록 여러분을 둘러싸고 있는 모든 것들을 가능한 기회들로 바라보는 법을 알려드리겠습니다.

여러분이 오늘이라는 시간을 활용하는 데 도움이 되는 과제

과제 1 **여러분의 인생에 더 높은 가치를 두십시오.**

재미 삼아, 저는 부유한 사람들이 1시간 동안 '얼마나 버는 지' 살펴보았습니다. 빌 게이츠Bill Gates, 워런 버핏Warren Buffet, 마크 저커버그Mark Zuckerberg 등은 하루에 3천만 달러 이상을 벌어들입니다. 1시간당 백만 달러 이상, 1분당 2만 달러 이상을 번다는 의미입니다.

잠시나마 여러분의 시간에 위의 사람들과 같은 종류의 현금 가치가 있다고 상상해보시기 바랍니다. 만약 그들이 했던 것처럼 올바르게 투자한다면 언젠가 여러분에게도 현실로 다가올지 누가 알겠습니까?

이제, 여러분이 텔레비전 시청이나 소셜 미디어 서핑과 같이 수익성 없는 활동에 소비한 시간을 계산하기 바랍니다. 만약 여러분이 1시간당 백만 달러 또는 1분당 2만 달러를 번다고 가정하고, 이런 활동에 소비한 시간을 전부 돈으로 환산한다면 천문학적인 금액이 나올 것입니다.

과제2 투자하십시오.

더욱 건강한 신체, 배우자와의 더욱 깊은 관계, 좀 더 편안한 은퇴 또는 더 나아가서 돈이 돈을 버는 이른 은퇴와 같이 여러분이 정말로 원하는 몇 가지 것들을 생각해보십시오. 그리고 여러분의 시간을 '투자'하고 싶은, 가장 중요한 것들 3가지의 목록을 적어보십시오. 다음으로 그 목표를 달성하기 위해 할 수 있는 하나에서 세 가지 일들을 생각해보십시오.

예를 들어, 10킬로그램을 감량한다는 목표를 세우는 대신에 다음과 같은 행동 단계들을 목표로 삼으면 좋을 것입니다.

1. 탄수화물이 많은 음식을 채소로 바꾼다.
2. 술, 탄산음료, 커피와 같은 고칼로리 음료수를 끊고 대신 물을 마신다.
3. 하루 30분씩 걷거나 더 효과적인 고강도 인터벌 운동을 매일 10분씩 한다.

과제 3 사람에게 투자하십시오.

지렛대의 힘에 대해 이야기할 때, 다른 사람들과 함께 일하는 것이 여러분의 시간에 어떻게 활용될 수 있는지를 보여드렸습니다. 잠깐 시간을 내어 여러분이 가장 성취하고 싶은 일들을 생각해보십시오. 여러분이 그 비전의 달성을 위해 노력하도록 도울 수 있는 사람이 있는지 스스로에게 물어보십시오. 만약 없다면, 당장 찾아보시기 바랍니다. 그리고 생각나는 사람들의 이름을 적어보십시오. 또한 여러분은 도움이 될 만한 특별한 기술이 있는 누군가를 찾고 있다고 페이스북에 적거나 친구들에게 물어볼 수도 있습니다.

> "당신이 당신의 시간을 잘 활용하고 싶다면, 무엇이 가장 중요한지 알아야 하며 그런 다음에 당신이 가진 모든 것을 쏟아부어야 한다."
> — 리 아이아코카, 미국 크라이슬러 자동차회사 전 회장

기회

기회가 찾아왔을 때 어떻게 대응해야 할까?

오늘TODAY이 우리가 사용하거나 투자할 수 있는, 유한하며 우리에게 가장 소중한 것인 시간Time으로 구성되어 있다면, 기회들Opportunities은 우리를 가고 싶어 하는 곳으로 데려다주는, 우리가 놓치지 말아야 할 운송수단입니다. 한 가지 명심할 점은 주식, 채권, 뮤추얼 펀드, 기업 그리고 심지어 사람들처럼, 우리가 투자하는 다른 것들과 마찬가지로 일부 기회는 다른 것들보다 위험하다는 것입니다.

우리가 어디든 가기를 원한다면, 우리는 다양한 기회들에 시간을 투자해야 합니다. 기회는 가능성입니다. 매일 다른 방법으로 우리는 어떤 대상에 기회를 주기로 선택합니다.

그것은 누군가와 데이트를 하거나 일을 하고 싶어 하는 사람을 고용하는 것일 수도 있습니다. 전에 먹어본 적이 없는 새로운 음식을 맛볼 수도 있습니다. 그것은 또한 새로운 취향을 찾아내는 기회이기도 합니다.

우리에게 다가오는 기회들은 삶이 우리에게 주는 가능성입니다. 그렇다면 그 기회들을 탐색함으로써 삶이 주는 기회를 기꺼이 받아들여 그것을 얻어야 하지 않을까요? 또한, 우리가 그런 기회를 제공받기에 충분히 가치가 있다는 것을 증명해야 하지 않을까요?

기회를 존중하는 힘

우리 중 일부는 기회를 당연시하며 그것을 잘 활용하기 위해 최선을 다하지 않습니다.

제 아버지는 오래전에 캐나다에 오셨을 때 자신에게 주어진 기회가 합당하다는 것을 스스로 증명하셨습니다. 1980년에 아버지는 아내와 두 아들 그리고 수중에 350달러만 가지고 한국에서 캐나다로 오셨습니다. 그 당시 한국에서 가져올 수 있는 합법적인 한도 금액이었습니다. 낯선 문화에 영어를 하지 못하셨음에도 아버지는 4명의 가족을 부양할 수 있는 직업을 찾으셔야 했습니다.

그러한 일들 중 하나가 우리 가족이 처음으로 정착한 온타리오주 휘트비Whitby에 있는 현지 제과점이었습니다. 안젤로Angelo라는 성공한 사업가가 체인 제과점을 가지고 있었는데 휘트비에 있는 제과점은 실적이 저조한 곳 중 하나였습니다. 실질적인 교육이나 지원 없이, 아버지는 상점 전체를 운영해야 했습니다.

안젤로가 아버지에게 얼마나 큰 기회가 되었는지 모릅니다. 비록 객관적으로 성공의 확률이 지극히 낮았지만, 분명히 아버지에게 기회가 주어졌습니다. 업무와 영어에 대한 이해가 많이 떨어졌지만, 아버지는 아침 일찍 빵을 굽고 하루 종일 그것을 판매하려고 애썼습니다. 때로는 빵을 겨우 몇 개만 팔기도 했습니다.

나중에 아버지는 통밀 빵을 일관되게 만들고 굽는 법을 이해하는 데 2년이 걸렸다고 고백했습니다. 더군다나, 어머니와 같이 식료품 쇼핑을 하러 가서 은행에 20달러도 없다는 것을 알고 멍하니 서로의 얼굴만 바라보았던 때도 있었습니다. 그 당시 그분들께는 식료품을 살 여유조차 없었습니다.

그럼에도 아버지는 끈질기게 계속하셨고, 4년이 채 지나기 전에 제과점은 안정기를 지나서 잘 운영되는 단계에 이르렀습니다. 안젤로는 아버지가 열심히 일하고 신뢰할 만한 사람이라는 사실과 그가 아버지에게 기회를 주고 고용한 것은 좋은 투자였다는 것을 알게 되었습니다.

이처럼, 아버지는 자신에게 주어진 기회를 잘 활용했고 열심히 일하면서 다음 큰 기회를 얻었습니다. 어느 날 안젤로는 밴쿠버로 이사 가고 싶다는 아버지의 꿈을 실현하도록 도와주었습니다. 그는 아버지에게 북부 온타리오주에 있는 한 가게의 문을 닫는다고 말했고, 컨테이너를 빌리고 모든 시설을 정리해서 밴쿠버로 보내라고 말했습니다. 안젤로는 "그 시설을 가지고 제과점을 열고 성공하면 돈을 갚아주세요"라고 말했습니다. 밴쿠버에서 제과점을 개업한 후 6개월이 지나기 전에 아버지는 그 돈을 갚았습니다.

이것이 기회를 잘 사용하는 힘입니다. 누군가 위험을 감수하고 여러분에게 기회를 제공하기로 결정했을 때, 그들이 한 일에 대해 기뻐하게 해주십시오. 그러면 여러분을 위해, 기회는 또 다른 문을 열어줄 것입니다.

안젤로의 관대함은 우리 가족에게 커다란 영향을 미쳤습니다. 그것은 우리에게 축복을 가져다줄 수많은 다른 기회의 문을 열어주었습니다. 우리는 그 첫 번째 제과점을 확장할 수 있었고, 지금은 전 세계로 제품을 수출하는 여러 개의 공장들을 운영할 수 있게 되었습니다. 이런 이유 때문에, 저는 다른 사람들에게 기회를 주는 것을 전폭적으로 지지합니다. 앞에서 시간을 현명하게 투자하는 것에 대해, 그리고 기회는 원하는 방향으로 가기 위해 놓치지 말아야 할 운송수단이라는 것에 대해 이야기했습니다. 무엇보다, 저는 다른 사람들에게 기회를 주는 것이 가장 중요하다고 생각합니다. 사람에 대한 투자는 가장 위험한 일 중 하나일 수 있지만, 똑같은 의미에서 가장 보람 있기도 합니다. 한 가지 흥미로운 점은 어떤 대상에 투자를 한다고 해서 항상 그로부터 보답이 돌아오지만은 않는다는 것입니다.

기회의 신비한 법칙

한 번은 저의 멘토 중 한 분이 이렇게 말했습니다. "제이, 당신이 도와주는 사람들로부터 보답을 기대하지 마세요. 당신은 다른 사람에게서 그 보답을 받을 겁니다." 저는 이 말을 매우 감명 깊게 들었습니다. 그리고 그분이 옳았다는 것을 깨달았습니다.

여러분이 다른 사람들을 도울 때 그 사람으로부터 보답을 기대하지 않는다는 것이 성공의 원칙입니다. 여러분을 위한 도움은 다른 곳에서 옵니다. 일반적으로 우리는 도움을 받으면 보답해야 한다고 생각합니다. 예를 들어 제가 데이브에게 도움을 주면서 데이브로부터의 보답을 기대할 수 있지만, 그렇게 되지는 않습니다. 여러분이 도울 수 있는 사람에게 도움을 주면 다른 사람들이 여러분을 도울 것입니다.

> "줄 수 있는 기회를 찾아라. 일단 그 가치가 전달되면 당신에게 돌아올 것이다."
>
> — 박혁제

기회는 여러분이 다른 사람에게 주든지 아니면, 여러분에게 주어진 것을 받고 그에 따르든지 간에 가치가 계속 불어나는 눈덩이와 같습니다. 우리는 주변에 어떤 기회가 있는지 정신 바짝 차리고 탐색해야 하고, 기회가 주어졌을 때 그것들을 감사히 받아들여야 하지만, 또한 보답하고 격려하며 사람들에게 가치를 배가할 기회를 찾도록 늘 우리 자신을 준비해야 합니다.

성공하기 위해 노력하는 과정에서 많은 사람들은 다른 누군가로부터 무엇을 얻을 수 있는지 또는 다른 사람이 자신들을 출세하도록 어떻게 도울 수 있는지만 찾고 있습니다. 하지만, 진정한 성공은 다른 사람들이 더 높이 올라갈 수 있도록 돕기 위해 여러분의 손을 내밀 때 다가옵니다.

때때로 여러분이 아무것도 기대하지 않고 누군가를 도울 때, 그들은 여러분을 놀라게 합니다. 제 가족의 가장 큰 성공들 가운데 하나는 제가 그를 위해 했던 일 때문에, 저를 위해 많은 노력을 기울였던 어떤 사람 덕분에 일어났습니다.

당신이 모르는 소개의 중요성

———

아버지는 밴쿠버 지역에 제과점을 여는 기회를 잡았고, 그
것을 두 배로 키웠습니다. 거기서 그치지 않고, 그곳에서 두
번째 제과점과 공장을 열기에 충분할 만큼 성공했습니다.
또한, 델리 파트를 추가함은 물론, 지역의 다양한 고객에게
전문 케이터링과 같은 다른 제품들을 제공함으로써 사업을
확장했습니다. 그 덕분에, 우리는 다양한 유통업자들과 거
래했고, 수많은 제품들을 우리가 원하는 대로 유통하겠다
는 제안을 받았습니다.

어떤 원재료를 싼 가격에 대량으로 구매할 기회가 다가왔
을 때, 아버지는 사업에서 절반쯤 발을 뺀 상태였고, 제가
매장들을 관리하고 있었습니다. 저는 그 기회를 통해 무언
가를 할 수 있다는 생각을 했습니다. 그리고 지금의 매장 두
곳보다 더 큰 유통업체를 이용할 수 있도록 우리 제품을 만
들고 광고할 방법을 찾기 시작했습니다.

그즈음에, 저는 우리와 몇 가지 사업을 함께 하고 싶어 하
는 한 남자를 만났습니다. 그 남자가 성공하도록 몇 가지 재

료들을 구매함으로써 그를 도울 수 있다는 것을 알았지만, 그것으로 인해서 엄청난 일이 일어날 것이라고는 기대하지 않았습니다.

그 남자는 우리에게 큰 유통체인에 새로운 제품을 공급할 수 있도록 도울 수 있는 영향력 있는 사람을 소개해 줌으로써 저의 도움에 보답하였습니다. 그는 보통의 다른 사람들처럼 "제가 다음에 누군가를 소개해드릴게요"라고 인사치레만 하지 않았습니다. 그는 집요했고 저와 다른 사람을 만나게 하기 위해 정말로 노력했습니다.

이것은 한편으로 재미있기도 한 일이었습니다. 왜냐하면 마침내 둘이서 만난 지 얼마 후에, 우리를 큰 유통체인에 연결해준 영향력 있는 사람이 당시에는 정말로 저를 만나고 싶지 않았다고 고백했기 때문입니다.

면담을 어떻게든 주선하려고 애쓰던 그 남자의 고집은 마침내 우리를 큰 유통체인에 연결해준 영향력 있는 사람에게 큰 유통체인에의 새로운 제품 공급을 꼭 성사시켜야 한다는 의무감이 들게 만들었습니다. 결국, 그 공급은 성사되었고, 그로 인해서 제 비즈니스와 삶의 방향은 완전히 바뀌었습니다. 우리에게 영향력 있는 남자를 소개한 그 남자의 노력은 정말 고마운 일이었습니다.

3일이 채 지나기 전에 우리는 신규 유통회사에 제품을 공급했고, 모든 일이 순조롭게 돌아갔습니다. 우리는 주문을 맞추기 위해 몇 개의 새로운 공장들을 증설했고, 다양한 제품군을 갖게 되었습니다. 지금도, 우리에게 면담을 주선해 준 그 남자에게 고마움의 대가로 이익의 일부를 나누어 주고 있습니다. 그 한 번의 면담 주선이 그에게 매년 많은 액수의 돈을 벌어주고 있는 것입니다. 그는 저에게 "제이, 그럴 필요 없어요"라고 말하지만, 저는 도와주었던 사람들에게 보답하고 감사를 표시하는 것이 가장 중요한 성공 원칙들 가운데 하나라고 믿습니다.

저는 그에게 우리와 몇 가지 사업을 함께 할 기회를 주도록 준비되어 있었습니다. 그는 우리가 베풀어준 호의에 보답하고, 그 보답의 일환으로 우리의 비즈니스를 개선할 기회를 제공하도록 준비되어 있었습니다. 우리를 유통체인에 연결해준 영향력 있는 남자는 당시에는 완벽하게 준비되어 있지 않았을지도 모르지만, 어쨌든 그는 그것을 했고, 그다음에는 엄청난 일이 벌어진 것입니다.

이렇게 한번 물어보고 싶습니다. 여러분은 기회를 제공하고 그것들을 활용할 준비가 되셨습니까?

기회들은 더 많은 기회들로 이어진다

기회들을 따를 때, 재미있는 현상은 모든 기회들이 거의 항상 더 많은 기회들을 몰고 온다는 것입니다. 여러분이 어떤 기회를 잡을 때, 그 기회가 다른 기회로 계속 이어지는 증식 또는 '스노볼 효과Snowball effect[3]'가 발생합니다.

제가 MLM 단백질 셰이크 회사의 프레젠테이션을 보기 위해 몇 분을 내는 기회에 '예스'라고 말하지 않고, 한번 해보는 데 '예스'라고 말하지 않았더라면, 지금 가지고 있는 기회

---

3 (편집자 주) 투자의 귀재 워런 버핏이 사용한 용어로 '눈덩이 효과'라고도 한다. 언덕 위에서 굴린 조그만 눈덩이가 아래로 내려오면서 점점 커지는 것처럼 '작은 규모로 시작한 사건이나 현상이 가속도가 붙어 큰 효과를 불러오는 것'을 뜻한다. 워런 버핏은 복리 효과를 설명하면서 이 용어를 언급했다.

들에 대한 문을 열어준 기술들을 배울 기회를 갖지 못했을 것입니다.

여러분은 때때로 삶을 돌아보면서 "여기까지 어떻게 왔지?"라고 궁금해할 것입니다. 하지만, 모두 여러분이 한 것입니다. 뒤돌아보면, 새로운 기회를 얻기 위해서 여러분이 개척했던 길과 그 길에서 만났던 더 많은 기회들을 볼 수 있습니다.

그 반대 역시 성립합니다. 만약 지금 여러분이 실패한 상태라면, 여러분의 인생에 놓쳐버렸던 수많은 기회들이 있었을 것입니다. 그 기회들을 잡지 못해서 지금과 같은 상황에 있는 것입니다.

"당신이 기회를 잡을 때
그것은 거의 항상 더 많은 기회들로 이어진다."

— 박혁제

기회와 가능성은 오래 지속되지 않는다

———

그런데 문제는 기회라는 것은 유통기한이 짧다는 것입니다. 우리가 지금 그것을 잡지 않는다면, 다른 누군가가 그것을 가져가거나 또는 너무 늦었기 때문에 그 기회가 사라져 버릴지도 모릅니다. 가끔씩 두 번째 기회를 얻지만, 그런 일이 자주 일어나지는 않습니다.

> "인생은 12명이 모인 저녁만찬에 있는 6조각의 애플파이와 같다. 만약 당신이 그냥 앉아 그것이 당신에게 오기를 기다린다면, 당신은 디저트를 놓칠 것이다."
>
> — 도널드 L. 힉스, 『Look into the stillness』의 저자

당신의 승차 기회를 놓치지 말라

———

길 아래쪽에 살았던 선배에게 함께 출근하자는 제안을 받았던 한 청년이 있었습니다. 그 선배는 청년에게 특정 시간에 특정 모퉁이에서 기다리라고 했고 1초도 늦지 말라고 경

고 했습니다.

청년은 다음 날 아침, 조금 늦게 가고 있었는데, 걸어가는 동안 선배의 차가 길에서 오고 있는 것을 보았습니다. 청년은 그들이 만나기로 했던 곳으로 달려갔습니다. 그리고 그 청년은 선배가 자신을 보았음에도, 자신을 지나치는 것을 보고 충격을 받았습니다. 이튿날 아침, 그리고 그 이후 매일 아침마다, 청년은 시간을 넉넉히 갖고 그 모퉁이에서 선배를 기다렸습니다.

이처럼, 기회는 우리에게 기회의 시기를 소중히 여기라고 가르칩니다. 우리 중에는 결심하지 않았기 때문에, 그 기회를 잡기로 선택하지 않았기 때문에 또는 그저 너무 오래 기다렸기 때문에 중요한 기회들을 놓쳤던 사람들이 많습니다. 그중에서도 가장 고통스러운 경우는 매우 큰 수익이 난 무엇인가에 투자하라는 제안을 받아들이지 않았던 사람들일 것입니다.

기회가 있었을 때 특정 회사나 제품에 투자하지 않았기 때문에 자책하는 개인이나 기업들에 대한 이야기는 밤하늘의 별만큼이나 셀 수 없이 널려 있습니다. 그중에서 대표적인 것을 들어보면 다음과 같습니다.

- 미화 1,000달러 정도에 맥도날드 프랜차이즈 가운데 하나를 사라는 레이 크록Ray Kroc의 첫 번째 제안에 싫다고 말했던 사람
- 페이스북을 미화 7,500만 달러에 사지 않았던, 마이스페이스 CEO 크리스 드울프Chris deWolf. 페이스북은 현재 그 가치가 5,000억 달러 이상입니다.
- 구글에 미화 75만 달러의 가치가 없다고 생각했던 조지 벨George Bell. 구글은 현재 브랜드 가치 순위가 세계에서— 심지어 애플보다 더—가장 높습니다.
- J. K. 롤링J. K. Rowling의 『해리 포터Harry Potter』를 알아보지 못했던 수많은 출판사들
- 디즈니랜드를 건설할 곳 주변의 땅을 사라는 월트 디즈니Walt Disney가 미쳤다고 생각했던 사람

그리고 이 목록은 지구가 멸망할 때까지 계속 이어질 것입니다.

잃어버린 기회에 대한 인상적인 일화 두 가지를 더 소개하고자 합니다.

코닥

코닥Kodak은 한때 미국 카메라와 부가장비 시장의 90%를 점유했었습니다. 코닥에서 일하던 엔지니어가 디지털카메라를 처음으로 개발했음에도 코닥은 사진 현상에 포함된 모든 필름 및 종이 제품 판매로 이룩한 성공을 잃을까 봐 두려워하면서 이를 외면했습니다. 다른 회사들이 디지털카메라로 얻은 성공을 본 이후에야 코닥은 마침내 사람들이 사진을 이메일로 보낼 수 있는 최초의 와이파이 카메라를 내놓았습니다.

코닥은 그들의 경쟁자들이 했던 것처럼 더욱 기술을 개발함으로써 시대를 앞서려고 하지 않았고, 결국 파산을 피하기 위해 일부 특허를 싸게 팔아 치울 수밖에 없었습니다. 코닥이 매각한 것들 중 하나는 오포토Ofoto라는 사진 공유 사이트였는데, 페이스북이 자그마치 미화 10억 달러에 인스타그램을 인수했던 것과 같은 시기인 2012년 4월에 코닥은 오포토를 2,500만 달러도 안 되는 금액에 팔았습니다.

코닥에 있어 이 모든 일들이 매우 슬프게 들리지만, 그들에게도 곧 좋은 소식이 있을 것 같습니다. 저는 코닥이 자신들의 실수로부터 배우고 있다고 생각합니다. 그들은 쓰러졌을지 모르지만 시장에서 퇴장한 것은 아닙니다!

코닥이 비트코인bitcoin과 이더ether 같은 암호화폐들 뒤의 디지털 장부인 블록체인 기술에 최신 벤처 기업을 설립하면서 회사에 대한 관심이 다시 회복되고 주식 가치가 상승하고 있습니다.

심지어 코닥은 자체 알트코인altcoin—비트코인 이외의 모든 암호화폐에 주어진 이름—도 보유하고 있습니다. 이것을 코닥코인KodakCoin이라고 합니다. 코닥은 시스템을 통해 허가받은 사진의 온라인 사용을 추적하기 위해 비트코인 기반 기술인 블록체인을 사용합니다. 이 서비스는 사진작가가 자신의 이미지에 대한 권리를 통제하고 이미지 사용에 대해 대가를 받도록 돕기 위해 고안되었습니다.

코닥은 디지털카메라 붐에 대한 기회를 놓쳤을지 모르지만, 최신 블록체인 기술 붐에서 큰 틈새시장을 찾은 것 같습니다.

넷플릭스와 블록버스터

———

블록버스터Blockbuster는 한때 미국 최대의 비디오 대여점이었습니다. 디지털 시대가 도래하기 전까지 블록버스터는 거의 모든 거리 곳곳에 있었습니다. 블록버스터는 한때 매장이 9,000개가 넘었고, 직원은 60,000명 이상이었습니다.

한편 넷플릭스Netflix는 우편 주문 DVD를 판매해왔는데, 한편으로는 영화를 온라인으로 실시간 재생하고 고객에게 구독료를 판다는 아주 훌륭한 아이디어를 가지고 있던 회사였습니다. 넷플릭스는 아이디어를 실현시키기 위한 자본이 필요했습니다. 그래서 그들은 블록버스터에 접근하여 미화 5,000만 달러에 넷플릭스를 인수할 수 있는 기회를 제안했습니다. 그러나 블록버스터의 책임자는 인터넷이라는 새로운 트렌드를 이해하지 못했고, 이 작은 회사를 비웃었습니다.

이제 그 어디에도 블록버스터 매장은 남아 있지 않지만, 넷플릭스는 그 가치가 1,000억 달러를 넘는 거대한 기업이 되었습니다.

이 회사들의 이야기는 선견지명이 부족하고, 가진 것을 잃을까 두려워서 기회를 무시하며, 눈이 멀어 실패한 대표적인 사례라고 할 수 있습니다.

> "우리의 삶은 기회들—심지어 그것이 우리가 놓친 것들일지라도—에 의해 정의된다."
>
> — 에릭 로스, 미국 시나리오 작가

우리가 기회를 놓치는 이유에는 여러 가지가 있습니다. 때로 그것은 다음 중 하나에 대한 두려움입니다.

• 새로운 일을 시도하는 것
• 무언가를 놓아주는 것

- 무언가를 잃는 것
- 불편하거나 곤란해지는 것
- 실수하는 것
- 잘못된 일을 선택하는 것
- 실패

앞에서 저에게 강점과 약점이 있다고 언급했습니다. 제 강점 중 하나는 제가 '큰 그림을 보는' 사람이라는 것입니다. 저는 사물에 대한 큰 비전을 볼 수 있지만 디테일에 약합니다. 그것이 바로 제가 디테일에 강한 사람들을 제 주변에 두는 이유이기도 합니다. 예를 들어, 이 책을 공동 집필하면서 저는 또 다른 친구들에게도 원고 초안을 읽고 의견을 달라고 했습니다. 그들 중 한 명은 두려움의 목록을 보면서 완전히 자신의 이야기라고 했습니다.

최근에 그와 저는 우연한 기회로 새로운 사업을 발굴하면서 과감한 결정을 내리는 다이내믹한 경험을 했습니다. 그냥 흘려버리기에는 너무 큰 기회였기 때문에, 기회를 최대한 살리기 위해 그는 큰 결정을 해야 했고, 변화들을 받아들여야 했습니다.

그는 "제이, 당신이 제게 이 새로운 사업을 같이 하자고 했을 때 저는 그 목록에 있는 모든 것들을 느꼈어요! 저는 40세에 가정이 있는 남자입니다. 저는 불확실성과 실패에 대한 두려움 그리고 무언가를 놓아주고 새로운 것을 시도하는 고통을 겪었어요"라고 말했습니다.

그가 올바른 선택을 했는지 속단할 수 없지만, 저는 그가 올바른 선택을 했다고 확신합니다. 그 결과는 다음 책에서 알려 드리겠습니다. 어느 쪽이든 간에, 그가 시도하지 않았다면 자책하고 있을 것이라고 믿습니다. 그는 두려움을 느꼈지만 어쨌든 했습니다. 그것은 용감한 모습입니다. 때때로 기회를 붙잡으려면 용감해야 합니다. 너무 많은 사람들의 인생이 미처 실현하지 못한 꿈과 소망, 이루지 못한 잠재력과 놓친 기회들로 가득 차 있습니다. 그것은 엄청난 낭비입니다.

"사람들에게 항상 하고 싶었던 일이 무엇이었냐고 물을 때, 대부분의 사람들은 자신이 원했던 것을 하지 못했다고 대답한다. 그것이 나의 마음을 아프게 한다."

— 안젤리나 졸리, 배우, 영화 제작자 및 인도주의자

"인간은 안전을 향해 뒤로 물러나거나 성장을 향해 앞으로 나아가기로 선택할 수 있다. 성장은 반복해서 선택되어야 한다; 두려움은 반복해서 극복해야 한다."

— 에이브러햄 매슬로, '매슬로의 욕구단계 이론'으로 잘 알려진 미국의 심리학자

"우리의 가장 큰 후회들은 우리가 해왔던 일들에 대한 것이 아니라 우리가 해오지 않았던 일들에 대한 것이다."

— 채드 마이클 머레이, 미국 배우, 대변인, 작가

두려움은 심각한 문제이지만, 기회를 놓치게 하는 다른 2가지 요소는 다음과 같습니다.

1. 무지

사람들은 기회들을 볼 수 있는 '눈'을 가지고 있다고 말하면서, 그것들이 항상 우리 주변에 있다는 사실을 깨닫지 못합

니다. 그들은 다른 사람들이 성공하면 '운이 좋다'고 생각합니다. "더 열심히 일할수록 더 큰 행운을 얻는다!"라는 속담이 있습니다. 사람들을 성공하게 하는 것은 열심히 일하는 것뿐만이 아니라, 자신에게 다가오는 기회들을 활용하는 것입니다.

많은 사람들이 자신의 곁을 지나가는 기회들에 관해서는 '색맹'입니다. 성공하는 사람들이 하는 것과 같은 방식—심지어 부정적인 일들이 일어나더라도 여러분이 바라보는 모든 곳이 기회로 가득 차 있다는—으로 세상을 보지 못하기 때문에 우리의 세계는 회색으로 그리고 절망적인 것으로 보입니다.

어떤 사람들은 레몬으로 레모네이드를 만드는 반면에, 또 다른 사람들은 레몬 조각을 씹으면서 인생이 짜증이 난다고 생각하면서 떫은 표정을 합니다.

한 능력 있는 세일즈맨이
물건을 파는 대신에 구매해서 벼락부자가 되었다!

기회를 알아보고 양손으로 그것을 꽉 잡은 완벽한 사례는 맥도날드 프랜차이즈를 시작한 레이 크록입니다. 그는 원래 밀크셰이크 기계 세일즈맨으로 그 물건을 팔기 위해 원조 맥도날드 매장을 찾아갔습니다. 그는 거기서 놀라운 조리 시스템을 보았고, "이 식당은 어디든지 생길 수 있겠어! 어디든지!"라고 생각했습니다.

결국, 그는 옳았습니다. 그는 밀크셰이크 기계 외판원을 그만두고, 원조 맥도날드 주인들과 파트너가 되었습니다. 몇 년 후 그는 미화 270만 달러에 사업 전체를 사들였습니다. 현재 맥도날드 시가 총액은 그 가치가 1,000억 달러 이상입니다. 레이 크록이 원조 맥도날드 매장의 문을 두드린 그날, 그는 밀크셰이크 기계를 파는 대신에 그들에게 매우 귀중한 것을 사는 것으로, 자신이 금광에 도착했다는 것을 알았습니다!

2. 대비 부족

많은 사람들은 기회가 자신에게 다가올 때 그것을 알아보지만, 그 기회를 '잡을' 대비가 되어 있지 않습니다. 여러분이 월척을 원한다면 물고기가 빠져나가지 않도록 그물을 대비해야 합니다. 앞에서 이야기했던 것처럼 대비하는 것의 큰 부분은 우리의 생각을 '준비하는priming' 것입니다.

준비하는 것은 곧 대비하는 것입니다. 심지어 펌프도 작동하도록 하기 전에 마중물을 부어 준비해야 합니다. 인생이 매일 기회들을 제공하고 있다고 믿음으로써, 자신에게 "나는 나가서 가능한 한 많은 '기회'들을 잡을 거야. 시간을 소중하게 여기니까. 시간은 귀해. 시간을 현명하게 사용할 필요가 있어! 초대를 받거나 새로운 누군가를 만나는 데 열려 있을 거야. 그러한 연결이 인생에 어떻게 영향을 미칠지 또는 내가 그들을 어떻게 도울 수 있을지 아무도 모를 테니까"라고 말함으로써 생각을 준비해야 합니다.

자신을 계속 열려 있게 함으로써, 그리고 두려움과 게으름을 극복하도록 훈련함으로써 다가오는 기회들을 잡을 수 있게 준비해야 합니다. 많은 경우에, 자고 있거나 소파에 느긋하고 누워 있을 때 기회들이 다가오기 때문에 우리는 그것을 놓칩니다.

기회는 외출하기에 날씨가 좋지 않을 때, 또는 대수롭지 않게 생각하는 사람을 통해서 올 수도 있습니다. 심지어 심각한 문제로 위장한 채 다가오는 기회를 알아볼 수 있도록 우리 자신을 준비해야 합니다.

가장 큰 문제가 가장 위대한 승리가 될 수 있습니다. 위대한 인물들에게는 성공하도록 그들을 곤경에 빠뜨리고 자극했던 놀라운 이야기가 있습니다. 우리의 마음을 끊임없이 준비하면 매일매일 모든 가능성, 기회 그리고 가치를 얻을 수 있습니다.

이것은 사고방식입니다. 때때로 여러분에게 또 다른 기회를 열어주는 제3의 인물을 소개해줄 사람을 만나는 일에 "예스"라고 말해야 합니다. 기회가 어디에 있는지는 아무도 모릅니다. 하지만 여러분의 마음이 닫혀 있다면 여러분은 기회를 놓칠 것입니다.

우연한 기회

저는 최근에 하마터면 아주 유익한 기회를 놓칠 뻔했던 한 남자에 관한 이야기를 읽었습니다. 그 역시 자신의 마음이 열려 있지 않았다면, 그 기회를 놓쳤을 것이라고 인정했습니다. 그에게는 직업이 있었지만, 여가시간에는 블로그 플랫폼으로 워드프레스WordPress[4]를 사용해 블로그에 글을 작성하고는 했습니다.

어느 날, 그는 여자 친구와 호텔에서 브런치를 먹으면서, 호텔에서 대규모 회의를 준비하고 있는 것을 보았습니다. 그곳에는 워드프레스의 친숙한 로고가 있었습니다. 그는 그녀에게 말했습니다. "저기 있잖아, 저기서 사람들이 준비하는 게 워드프레스인 것 같은데."

그녀는 놀라면서 답했습니다. "우와, 정말 재미있는 우연의

---

4   (편집자 주) 웹페이지를 제작하고 관리하는 수많은 오픈소스 콘텐츠 관리 시스템들 가운데 하나로서 2003년 매튜 뮬렌웨그(Matt Mullenweg)가 설립했다. 워드프레스의 장점은 사용의 용이성과 플로그인의 확장성으로서 전 세계의 개발자들이 개발한 플러그인을 마음껏 가져다 쓸 수 있다.

일치네!" 그는 계속 살펴보면서 '그래, 흥미로운 우연의 일치야'라고 생각했습니다.

그는 식사를 마친 후 그냥 갈까 했지만, 결국 그쪽으로 가서 그들에게 자신이 블로그에 그들의 도구를 사용하는 것을 얼마나 좋아하는지 말했습니다. 그는 워드프레스 사람들 중 한 명과 이야기를 나누고 명함을 받고 트위터에서 그를 팔로우하기로 결심했습니다. 3개월 후, 워드프레스에서 그를 고용하겠다는 연락이 왔습니다. 그는 새로운 직업을 구했고 지금은 자신이 좋아하는 일—블로깅 그리고 다른 사람들이 그것을 어떻게 하는지 배우도록 돕는 일—을 하면서 정규직으로 일하고 있습니다.

만약 그가 호텔에서의 일을 우연으로만 여기고 그냥 지나갔다면, 그는 귀중한 기회를 놓쳤을 것입니다. 때로는 가장 작은 순간이 삶을 가장 크게 바꾸는 사건으로 이어질 수 있습니다.

사람들은 종종 "나는 지금 모르는 사람들과 이야기할 기분이 아니야"라고 혼잣말을 하곤 합니다. 그러나 '기분'에만 머물러 있으면 우리는 결코 많은 멋진 경험을 할 수 없습니다.

스포츠, 예술, 비즈니스 또는 인생의 모든 분야에서의 챔피언은 기분이나 감정에 지배되지 않습니다. 그들은 성장하고 실천할 모든 순간과 기회를 이용합니다.

여러분의 마음을 '기회에 민감'하게 하세요. 새로운 것들에 대한 열린 태도와 열정을 가지기로 선택하십시오. 그러면 그것이 여러분이 일시적인 기분을 극복하는 데 도움이 될 것입니다.

성공한 사람들은 항상 기회에 '민감' 합니다. 심지어 다른 사람들은 신경을 꺼버릴 때라도 말이지요. 사실 다른 사람들이 긴장을 풀고 쉴 때가 무엇인가를 '낚을' 최상의 시간이 될 수 있는데, 그 이유는 다른 그 누구도 낚시질을 하지 않기 때문입니다.

예를 들어, 연말은 많은 사람들이 비즈니스에서 속도를 늦추고, 쇼핑몰에서 돈을 쓰며, 필요하지도 않은 것들에 빚을 지는 시기입니다. 하지만, 저는 연말이 되면 대단히 생산적이 됩니다. 다른 사람들이 한 달을 통째로 쉴 때, 오히려 일을 늘려 하루에 10번의 회의를 하고, 신규 계약을 맺습니다.

저는 1월을 출발점으로 생각하지 않습니다. 모든 사람들이 2주간 쉴 때 저는 전력 질주를 하고 속도를 높입니다. 신년 초에 사람들은 정지 상태에서 출발합니다. 그들은 칠면조 고기 때문에 살이 올라 있습니다.

저는 이 시간을 사랑합니다. 다른 모든 사람들은 이 기간을 무가치하게 보내지만, 저는 오히려 기회를 위한 최상의 시간이라고 생각합니다. 시간을 소중하게 여기도록 마음을 준비하는 것과 눈이 모든 기회에 계속 열려 있도록 하는 것을 체험할 수 있는 시간이기 때문입니다.

저는 늘 기회들에 대한 준비를 하고 있어서 모든 곳에서 항상 그것을 볼 수 있습니다. 저는 기회가 사라지기 전에 달려들어 그것들을 붙잡습니다. 이 책을 위한 브레인스토밍 회의에서 누군가 저에게 물었습니다. "저기요, 제이. 당신이 놓쳤던 기회들에 대한 예시는 어떤 게 있나요?"

저는 웃으며 대답했습니다. "저는 아무것도 놓치지 않아요!" 물론, 아마 약간의 과장이 있을 수 있지만 거의 그렇습니다! 저는 기회를 알아보고 잡으려고 제 자신을 훈련시켰습니다.

당신의 기회 포착 근육을 계발하라

프로 야구선수가 매번 공을 잡을 수 있도록 연습하는 것과 마찬가지로 여러분도 여러분의 '기회 포착 근육들'을 훈련하고 계발할 수 있습니다.

근육 1: 감사

'감사의 태도'를 갖도록 준비되어 있으면 다른 사람들이 보지 못한 기회를 볼 수 있습니다. 왜냐하면 감사할 줄 모르는 사람들에게 기회는 보이지 않기 때문입니다. 이 세상에는 수많은 불평이 계속되고 있으며 그것은 아무에게도 도움이 되지 못합니다. 불평은 여러분을 행복하게 해주지도 않고 여러분이 불평하는 사람들을 불행하게 만들지도 않습니다. 불평은 여러분의 문제를 해결해주지 못하기 때문에 앞으로 나아갈 방향을 정해주지도 않습니다. 여러분의 하루는 유한한 시간으로 이루어져 있습니다. 그것을 불평하는 데 소비하지 마십시오.

불평하는 것은 우리 대부분이 빠지는 습관입니다. 비록 말로 표현하지 않더라도, 우리의 생각이 무언의 불만으로 가득 찰 수 있습니다. 동정을 원하기 때문에 불평합니다. 결과보다는 동정만을 원한다면 바뀌지 않을 것입니다. 동정이 아닌 해결책을 찾아야 합니다!

"동정이 아닌 해결책을 찾아라!"
— 박혁제

"불평하는 사람은 결코 이기지 못하고 이기는 사람은 결코 불평하지 않는다!"
— 무명씨

불행히도, 감사하는 일은 항상 자연스럽지는 않습니다. 그것을 연습해야 합니다. 감사한 것들을 생각하고 말로 나타내면서 하루를 시작하고 끝내는 것이 좋습니다. 여러분의 축복을 '알아보고' 여러분의 삶에서 좋은 것들을 살펴보도록 스스로를 훈련시킬수록 여러분에게 있는 더 많은 축복들을 발견할 것입니다. 또한 좋은 기회들이 다가올 때 여러분이 그것을 '알아보도록' 이끌어줄 것입니다.

저는 어린 시절 매일 아침과 주말에 가족이 운영하는 가게에서 일해야 했을 때 감사하다고 생각하지 않았습니다. 그러나 그것이 오늘날 저에게 훌륭한 직업윤리를 갖도록 도왔다는 것을 압니다. 그것은 뜻밖의 좋은 결과였고, 그것에 감사합니다!

감사에 관한 또 다른 중요한 점은 어떤 식으로든 여러분을 도왔던 사람들에게 그것을 보여주어야 한다는 것입니다. 선생님이든, 부모님이든, 배우자든 또는 동료든 간에 항상 최선을 다해 그들에게 고마움을 표현하거나 가능한 한 감사의 마음을 보여주십시오. 이것이 여러분을 도와준 사람들이 언젠가 다시 한 번 여러분을 돕고 싶은 마음이 들게끔 하는 성공 원칙입니다.

저는 얼마 전에 MLM 단백질 셰이크 회사를 소개해주었던 크리스타에게 전화를 걸었습니다. 그 회사에서 제가 알아야 했던 몇 가지 비즈니스 기술들을 배웠고, 그 덕분에 오늘날 제가 하는 일을 할 수 있었습니다. 저는 그녀에게 말했습니다. "안녕하세요, 크리스타. MLM에 합류하도록 저를 초대했던 때를 기억하세요? 벌써 오래전 일이지만, 그 회사의 일부가 되도록 저를 초대해주신 당신에게 감사드립니다."

그녀는 더 이상 그 회사 관련 일을 하지 않고 저도 마찬가지입니다. 하지만 그것은 제 기업가 정신에 시동을 걸어준 촉매제였습니다. 지금의 저로 있을 수 있게 해준, 다른 모든 커다란 기회들을 잡도록 준비시켜준 또 다른 기회였습니다.

감사함을 느끼고 보여주는 연습을 시작하십시오. 그것은 여러분에게 기회를 알아볼 수 있는 눈을 주고, 더 많은 기회들의 바다로 인도해 줄 것입니다.

근육 2: 호기심

갈수록 호기심이 배가되도록 노력하십시오. 아이들은 열린 마음으로 수많은 질문을 하기 때문에 엄청나게 많이, 그리고 엄청나게 빨리 배울 수 있습니다. 아이들은 부모님이 미칠 지경이 될 때까지도 질문하는 것을 두려워하지 않습니다.

하루 종일 질문하세요. 특히 경험이나 상황이 특이하거나 우연스럽거나 흥미롭게 보인다면 질문을 시작하십시오. 다음과 같은 질문들을 하십시오:

"지금 무슨 일이 왜 일어나고 있지?"

"이것에 흥미로운 점은 무엇이지?"

"이것이 내가 나의 목표들 가운데 하나를 성취하는 데 도움이 될 수 있을까?"

"이 기회를 활용하기 위해 내가 다음에 해야 하는 일은 무엇이지?"

스스로에게 어떻게 개선될 수 있는지 질문함으로써 무엇인가를 개선할 수 있는 기회를 볼 수도 있습니다. 호기심이 많은 사람들은 그것이 어떻게 작동하는지 보기 위해 무엇인가를 분해해보고, 그런 이후에 어떻게 하면 더 잘 작동하도록 할 수 있는지 궁금해합니다.

표면, 즉 겉으로 드러나는 액면만을 보지 말고 그 이면을 보는 탐정이 되십시오. 여러분이 살고 있는 세상, 그리고 사물이 여러분 주위에 존재하는 방식에 대해 갈수록 호기심이 많아지도록 연습하십시오. 지금까지 이루어낸 방식보다 무엇인가를 더 잘할 수 있는 기회를 발견할 수도 있습니다. 그것이 바로 발명가들이 하는 일입니다!

근육 3: 긍정 마인드

특히 모든 문제의 이면에는 성장하고 극복하며 무엇인가를 만들어낼 기회가 존재한다는 사실을 고려할 때 긍정적인 자세를 유지하는 것은 기회를 포착하는 데 매우 중요합니다.

여러분 자신에게 다음과 같은 긍정의 말—"모든 문제에는 또한 내가 활용할 수 있는 기회가 있다"—을 하기 시작하십시오.

문제가 있을 때 여러분이 그 문제 때문에 할 수 있는 무엇인가 좋은 일에 대한 아이디어들을 생각하거나 기록하는 연습을 하십시오. 여러분에게 다가오는 모든 부정적인 것들을 긍정적인 방향으로 돌리는 연습을 하고 무엇이 튀어나오는지 보십시오. 이것이 여러분이 다음번에 활용할 수 있는 기막힌 아이디어 또는 기회일 수 있습니다.

긍정주의자는 기적을 믿으며 "불가능해!"라고 말하지 않습니다. 문제의 조짐이 보이더라도 포기하지 않고 아이디어를 계속 고수합니다. 긍정주의자는 "할 수 없어" 대신에 "어떻게 해야 가능하게 만들 수 있을까?"라고 말합니다.

부정주의자들은 꿈이 이루어지기 전에 지레 포기합니다. 그들은 기회를 잘 보지 못합니다. 그들은 오직 문제만을 봅니다. 긍정주의를 계발한다는 것은 의심하고 모든 것을 잡아 찢는 대신에 꿈꾸고 창조하는 것을 의미합니다. 여러분이 무엇인가에 실패했다면 그 실패가 걸림돌이 아니라 학습 경험과 디딤돌이라고 생각하십시오.

근육 4: 놀이

항상 심각한 대신에 기꺼이 재미있어 하고 독창적이 되며 즐겁게 논다면 고정관념을 벗어나 창의적으로 생각할 수 있습니다. 개척자들은 아이들과 같습니다. 그들은 규칙을 따르지 않습니다. 그들은 새로운 세상을 믿게 만들고 창조할 수 있습니다. 그들은 골판지 상자에서 왕궁을 상상할 수 있습니다.

충분히 시간을 들여 새로운 아이디어들을 가지고 논다면 오래된 상황들에서 새로운 기회들을 '볼' 수 있습니다. 즐겁게 노는 것에서 얻을 수 있는 또 다른 귀중한 기술은 이기고 지는 일에 연연해하지 않는 것입니다. 그저 재미를 위해 새로운 아이디어들을 가지고 놀아보십시오. 여러분이 항상 문제를 고쳐야 한다는 시각으로만 본다면 좌절할 수 있습니다. 좌절은 창의력을 억제합니다. 여러분이 가지고 있는 어른으로서의 특성에 방해받지 않은 채, 다른 각도에서 무엇인가를 보는 데에서 가능한 한 엉뚱해지려고 노력해보십시오.

새로운 장난감과 게임들은 새롭게 노는 방법을 찾는 과정에서 만들어졌다는 것을 기억하시기 바랍니다.

근육 5: 명확성

충분히 시간을 들여 여러분이 원하는 것을 명확하게 파악하십시오. 여러분이 무엇을 원하는지 모른다면 어떻게 기회를 인식할 수 있겠습니까? 경찰은 수많은 사람들 속에서도 알아볼 수 있도록 범죄자의 얼굴 사진을 연구합니다.

여러분이 목표를 생각할 때 사진 조각처럼 나타나는 기회들을 알아볼 수 있도록 마음의 눈 안에 여러분의 목표들에 대한 명확한 이미지를 새기십시오. 명확성은 아마도 기회들을 발견하는 데 필요한 가장 중요한 것들 중 하나일 것입니다.

이것은 여러분이 원하는 자동차의 정확한 모델을 아는 것과 같습니다. 일단 여러분이 그런 종류의 차를 찾기 시작하면 어디에서나 보게 됩니다. 무엇을 원하는지 알고 있다면 여러분은 그것이 다가올 때 알아볼 수 있습니다. 어떠한 기회들이 여러분의 큰 그림과 꼭 들어맞는지 알 수 있도록 여러분이 인생에서 정말로 원하는 것들에 대해 충분히 생각해보십시오.

근육 6: 위험 감수

장차 사업가가 되려는 12세의 어린아이가 버진 그룹의 설립자인 리처드 브랜슨Richard Branson에게 성공하기 위해 어떠한 기술들을 사용했는지 질문했을 때, 그는 자신이 오늘날에도 사용하는 것과 똑같은 기술, 즉 "권한위임의 기술, 위험 감수, 훌륭한 팀과 함께하고 자신이 정말로 믿는 프로젝트를 수행하는 것"이라고 대답했습니다.

친구와 카드놀이를 하면서 대담한 움직임을 취함으로써 위험 감수를 연습하든 아니면 새로운 일들을 하기 위해 나서는 것으로 여러분의 위험 감수능력을 높일 필요가 있습니다.

"용기 없는 자가 미인을 얻은 적은 없"으며, 그러한 자가 성공적인 삶이나 수백만 달러의 사업을 창출한 적도 없습니다.

기회는 가능성이라는 것을 명심하십시오. 가능성에는 위험이 포함됩니다. 위험에는 나쁜 것만 있는 게 아닙니다. 그 안에는 좋은 것들을 위한 힘도 많이 있습니다. 위험을 무릅쓰지 않으면 성장할 수 없습니다. 그러니 여러분의 위험 감수 근육을 잘 키우십시오. 웨이트 트레이닝 요법에서처럼 작게 시작하고 차근차근 밟아 올라가십시오.

인간으로서 우리는 안전하게 머물며 변화의 위험을 피하고 싶어 합니다. 우리는 편안하기를 원합니다. 큰 전투에서 편안하게 승리한 이는 아무도 없습니다. 그들은 새로운 전투 계획을 시도해보는 위험을 감수해야 했습니다. 여러분 자신을 불편한 상황에 빠지게 하고 안전지대에서 벗어나는 연습을 하십시오.

제 부모님은 고향을 떠나 낯선 캐나다에 오는 큰 위험을 감수하셨습니다. 저는 그분들이 한국에 머물고 지구 반대편으로 이동하는 것과 같은 위험한 도전을 결코 하지 않으셨다면, 지금의 제 삶이 어떠했을는지 결코 생각하고 싶지 않습니다.

탐험가가 새로운 땅을 찾기 위해 집을 나서지 않는다면 어떻게 될까요? 지금의 자리에서 벗어나 여러분 인생의 새로운 가능성을 찾으십시오! 여러분은 위험을 감수하기 전까지는 어떤 보물을 찾을 수 있을지 결코 알 수 없습니다.

근육 7: 열린 마음

새로운 시각과 아이디어에 마음을 열어두십시오. 여러분이 항상 똑같이 낡은 방식으로만 일한다면, 새로운 트렌드를 따라가기 어려울 것입니다. 코닥과 블록버스터는 새로운 아이디어들에 닫혀 있는 것이 얼마나 위험한지 우리에게 보여주었습니다.

작은 부분에서 습관을 바꾸어보십시오. 머리 모양을 바꾸거나 새로운 스타일의 옷을 입어보십시오. 실험해보십시오. 평소에 좋아하는 장르와 다른 영화 또는 책을 읽어보는 것도 좋습니다.

다른 사람의 관점에서 사물을 보는 연습을 하십시오. 여러분은 어쩌면 다음 기회를 발견할 수도 있습니다. "이것에 대한 여성의 관점은 어떻지? 또는 아이의 관점은?"과 같이 새로운 각도에서 바라보십시오.

주변을 찬찬히 둘러보고 다른 사람의 입장에서 삶이 어떨지 생각해보십시오. 여러분이 장애가 있는 사람의 삶을 편하게 해줄 무엇인가를 발명할 수 있을지 누가 알겠습니까?

새로운 일을 시도하는 데 닫혀 있는 것은 주위를 개발할 기회에 눈멀게 합니다. 열린 마음을 갖는 것은 열린 눈을 갖는 것과 같습니다.

당신의 기회 포착 근육을 계발하라!

근육 1. 감사하라!
근육 2. 호기심이 더욱 많아지도록 노력하라!
근육 3. 긍정적인 자세를 유지하라!
근육 4. 새로운 아이디어들을 가지고 즐겁게 놀아라!
근육 5. 당신의 목표를 명확히 파악하라!
근육 6. 위험을 감수하라!
근육 7. 새로운 시각과 아이디어들에 마음을 열어라!

두드려라, 그러면 열릴 것이다

———

기회에 대해 한 가지 빠뜨린 게 있습니다. 앞에서 기회가 문을 두드릴 때, 그것을 받을 준비가 되어 있어야 한다고 말했습니다. 하지만, 그게 전부는 아닙니다. 스스로 기회를 찾고 누군가의 문을 두드리는 것 또한 중요합니다.

『성경』에는 "구하라, 그리하면 너희에게 주실 것이요. 찾으라, 그리하면 찾아낼 것이요. 문을 두드리라, 그리하면 너희에게 열릴 것이니"라고 쓰여 있습니다.

많은 사람들이 기회가 우리에게 다가오기를 기다립니다. 하지만, 마냥 기다릴 수는 없습니다. 기회를 포착하기 위해, 스스로 구하고 찾고 문을 두드려야 합니다. 적극적으로 새로운 기회를 추구하고, 그것을 통해 자신의 것을 창조해야 합니다.

만약, 여러분이 원하는 것들이 있는데, 여러분에게 오지 않는다면 그것들을 찾으러 가야 합니다. 또한, 그것들을 찾을 수 있도록 다른 사람들에게 도움을 청하십시오. 나가서 어떤 일이 발생하더라도 밖으로 나가는 것을 두려워하지 마십시오!

저는 이 책을 함께 쓸 저자를 찾았습니다. 하지만, 그런 사람은 쉽사리 나타나지 않았습니다.

"이봐, 제이. 당신 그 책을 쓰고 싶어? 난 당신이 얼마나 바쁜 사람인지 다 알고 있어. 그러니까 내가 당신을 위해 그 책을 써줄게!"

제가 듣고 싶은 말은 이것이었지만, 제 귀에 이런 말은 한순간도 들리지 않았습니다. 하는 수 없이, 찾고 문을 두드리고 구해야 했습니다. 어떻게든 저는 기회를 잡아야 했고, 심지어 기회가 곧바로 찾아오지 않을 것이라는 실망감과 좌절감을 극복해야만 했습니다.

기회는 쌍방향 관계라는 것을 잊지 마십시오. 기회는 자신이 문을 두드렸을 때 여러분이 알아보는 것을 좋아하지만, 또한 여러분이 기회를 찾아나서는 것도 마찬가지로 좋아합니다.

기회가 우리의 문을 두드릴 때 준비가 되어 있을 것		우리 스스로 기회를 추구하고 문을 두드릴 것

기회는 쌍방향 관계이다

앞에서 기회 포착 근육들을 계발하는 방법에 대해 이야기 했습니다. 조금 더 깊이 들어가서 자신을 계발하는 일의 중요성을 살펴보고자 합니다. 명심하십시오. 우리에게는 오늘TODAY이 있습니다. 또한, 시간이라는 척도가 있습니다. 시간을 투자할 기회도 있습니다.

선택한 기회들에 대한 시간 투자가 성공할 가능성이 더욱 높아지게 하는 가장 좋은 방법은 오늘TODAY의 다음 단계, 즉 계발Development에 공을 들이는 것입니다.

"당신이 가진 것보다 더 많이 얻으려면, 더욱 성장해야 한다."
"당신의 수입이 당신의 인간적인 발전보다
더 중요한 경우는 거의 없다."
— 두 인용문 모두 짐 론, 미국 기업가, 저자 및 동기부여 강사

여러분의 그물이 더 많은 기회들을 잡도록 여러분의 생각을 준비시키는 데 도움이 되는 몇 가지 과제

과제 1 기분과 두려움을 극복하는 연습을 하십시오.

해야 한다는 것을 알고 있지만 하고 싶지 않을 것들을 생각해보십시오. 더 작은 것들에 대한 몇 가지 아이디어를 적어보십시오. 여러분이 하기에 불편한 것을 하루에 하나씩 하십시오. 목록을 적고, 그것이 어땠는지 그리고 그게 뭔지, 그리고 그걸 한 후에 기분이 어땠는지 계속 추적해 보십시오.

과제 2 금식을 해보십시오.

자신의 기분과 감정을 자제하는 데 어려움을 겪고 있으며, 하고 싶은 기분이 들지 않을 때에는 해야만 한다는 것을 알고 있는 일들이라도 하기가 힘들다면, 이런 것은 어떨지요? 정기적으로 무엇인가에 대한 '금식'을 연습하십시오.

금식은 종종 건강과 영적 이유로 행해지지만, 우리의 가장 기본적인 감정 중 하나인 배고픔을 통제하는 훌륭한 훈련법입니다. 어떤 사람들은 하루에 한 끼의 식사 또는 심지어 텔레비전을 보는 것과 같이 일상적으로 하는 한 가지 활동을 금하기도 합니다.

저는 언젠가 며칠 동안 부정적인 말을 금하기로 결심한 사람에 대해 들었습니다. 그에게 쉬운 일은 아니었습니다!

과제 3 올바른 질문을 하는 연습을 하십시오.

가지고 다니는 종이나 휴대폰의 메모장에 호기심에 관한 부분에 나오는 질문들을 적어 두십시오.

"지금 무슨 일이 왜 일어나고 있지?"

"이것에 흥미로운 점은 무엇이지?"

"이것이 내가 나의 목표들 가운데 하나를 성취하는 데 도움이 될 수 있을까?"

"이 기회를 활용하기 위해 내가 다음에 해야 하는 일은 무엇이지?"

인생에서 흥미로운 일이 생길 때, 이 질문을 꺼내서 생각해보십시오. 몇 가지 답을 적고 그것이 여러분을 어디로 이끄는지 보십시오.

계발

투자할 시간을 절약할 수 있는 최고의 방법

"자기계발은 시간을 크게 절약해준다. 당신이 더욱 나아질수록 목표를 달성하는 데 걸리는 시간이 줄어든다."

— 브라이언 트레이시, 캐나다계 미국인 동기부여 연설자이자 자기계발 저자

"당신 자신에게 투자하는 것은 당신이 할 수 있는 최선의 투자이다. 그것은 당신의 삶을 향상시킬 뿐만 아니라, 당신 주위의 모든 사람들의 삶을 개선할 것이다."

— 로빈 샤르마, 캐나다 작가이자 리더십 연사,
『The Monk Who Sold His Ferrari』 시리즈로 잘 알려진 작가

시간을 현명하게 사용하는 것의 중요성을 보는 데에서 이 마지막 인용문은 기억하기에 좋습니다. 대부분의 경우, 우

리 스스로 우리의 길을 방해하기 때문에 우리는 가고 싶은 곳에 닿지 못합니다!

여기서 '계발'이라는 단어의 정의를 살펴보도록 하겠습니다.

1. 능력이나 가능성을 이끌어내고, 성숙하거나 효과적인 혹은 보다 진보된 상태를 누리는 것
2. 성장시키거나 확장시키는 것
3. 존재를 인식하거나 또는 활동성을 불러오는 것; 만들어내거나 진화하는 것

모든 인간은 비슷한 능력과 가능성을 가지고 태어났습니다. 성장하면서 차이가 납니다. 그렇다면 다른 사람과 차이를 나게 하는 방법을 계발하기 위해 무엇을 해야 할까요?

같은 종자를 가진 2명의 농부를 생각해보도록 하겠습니다. 첫 번째 농부는 자신의 씨앗을 키우고 보호하는 방법에 대해 할 수 있는 모든 것을 배웁니다. 그래서 첫 번째 농부는 풍성한 곡식을 거둡니다. 두 번째 농부는 그저 땅에 씨앗을

뿌리고 모든 일이 잘되기만을 바라지만, 수확은 신통치 못했고, 해가 갈수록 첫 번째 농부를 질투합니다.

왜냐하면 '첫 번째 농부가 모든 운을 가져간다'고 생각하기 때문입니다. 두 번째 농부는 하나님이 첫 번째 농부를 더 좋아한다고 생각하기까지 합니다. 때로는 하나님이 첫 번째 농부의 농작물을 '축복'하는 것으로 보기도 합니다.

사람은 대체로 자신의 잘못과 약점을 인정하거나 돌아보는 것에 익숙하지 않습니다. 누군가가 자신의 잘못과 약점을 비난하거나, 그로 인해서 불공정한 평가를 받기 때문입니다. 또한, 자신의 잘못과 약점 때문에 어떤 일이나 행동을 능숙하게 처리하지 못하는 것이 마냥 기분 좋은 감정은 아니기 때문입니다.

특히 과거에 다른 사람들이 자신의 잘못이나 약점을 놀렸거나 폄훼했다면 더욱 그렇습니다. 현실은 우리 모두가 진행 중인 과정에 있다는 것입니다. 자신의 잘못과 약점을 인정할수록, 성장해야 할 영역이 있다는 것을 인정할 만큼 겸손할수록, 또 그러한 잘못과 약점을 변화시키고자 하는 갈망이 많을수록, 우리는 더욱 나아질 것입니다.

사실, 갈망은 강력한 동기부여가 될 수 있습니다. 저는 기회에 관한 부분에서 이야기한 몇몇 회사들처럼 현실에 안주하는 것이 얼마나 위험한지를 보여주는, 새로운 훈련법에 대해서 말하고자 합니다. 여러분이 성장하고 변화하며 앞서고자 갈망하기를 멈출 때—비록 여러분이 선두에 있다고 할지라도—여러분보다 더 갈망하며 잃을 것이 없는 사람들이 여러분을 앞지를 커다란 기회를 가져갈 것입니다.

블랙베리는 더 배고픈 회사에 잡아먹혔다

공식적으로 RIMResearch in Motion으로 알려진 캐나다 회사인 블랙베리Blackberry Limited에서 일어난 일입니다. 그들은 원래의 이름에 걸맞지 않게 연구 개발을 빠르게 하지 않았습니다.

그들은 한때 스마트폰 업계에서 선두에 있었지만 그들의 성공은 실제로는 그들의 몰락으로 이어졌습니다. 가장 크고 최상의 터치스크린을 보유하는 개발 경쟁에서 뒤처졌으며, 신제품을 개발하기보다는 고객 서비스에 너무 집중했습니다.

파이의 더 큰 부분을 차지하려는 더 배고픈 회사들이 있었습니다. 스티브 잡스Steve Jobs가 2007년에 프로토 타입을 공개하면서 발표한 것처럼, '아이폰'을 가진 애플은 스마트폰의 세계를 바꿨습니다. 그것은 컴퓨팅, 인터넷 및 이메일 모두를 하나의 장치로 통합했는데, 블랙베리의 설립자이자 전 공동 CEO였던 마이크 라자리디스Mike Lazaridis는 불안정한 네트워크 때문에 아이폰이 상용화되는 것은 불가능하다고 보았습니다.

그의 의견은 틀리지 않았지만, 애플은 결국 그 문제를 해결했고, 블랙베리는 너무 늦어버렸습니다. 비즈니스에서 앞서 나가기 위해서, 특히 기술에 관해서는 계속 성장하고 발전시켜야 하기 때문입니다.

때로 기업들은 자존심 때문에 변화를 거부합니다. 스위스 시계회사가 자신들이 최고라고 생각하기 때문에 디지털시계의 추세를 따라잡지 않았던 경우처럼 말이지요. 가끔 기업들은 그들이 갖고 있는 것으로 살아남으려고 너무 바쁩니다. 개인도 마찬가지로 같은 함정에 빠질 수 있습니다. 자존심이 스스로를 발전시키지 못하도록 하거나, 현재 상황에 안주하게 할 수 있습니다.

많은 사람들이 앞으로 나아가지 못하는 이유는, 하지 못한다고 '지레' 생각해서 발전하기보다는 그저 피해 버리기 때문입니다. 결국, 못하는 것이 아니라 안 하는 것입니다.

때로는 '미숙한 것'에 더 진보할 수 있는 가능성이 있습니다. 저는 라디오에서 들었던 이 이야기를 좋아합니다. 스키선수의 이름을 기억할 수는 없지만, 그의 이야기는 '타고난 재능이 없다'고 생각할 때에도 우리에게 발전할 수 있는 가능성이 있다는 것을 보여줍니다.

한 젊은이에게 스키 타기를 좋아하는 친구들이 있었습니다. 그는 그들과 어울리고 싶었습니다. 그래서 친구들에 비해서 실력이 형편없었지만 스키 타기를 계속했습니다. 그러나 어느 순간부터 그는 자신만 뒤에 남아 있는 것에 지쳤기 때문에, 이를 극복하기 위해서 몇 가지 수업을 받아야겠다고 결심했습니다. 그리고 마침내 그 젊은이는 국제 스키 챔피언이 되었습니다.

그는 스키 수업을 좋아했고, 그 수업을 통해 자신의 실력이 개선되는 것에 무척 만족했습니다. 그런 과정을 통해서 마침내 그는 친구들을 훨씬 능가하는 선수가 될 수 있었습니다.

> "타인보다 우수하다고 해서 고귀한 것은 아니다. 과거의 자신보다 우수한 것이야말로 진정으로 고귀한 것이다."
>
> — 어니스트 헤밍웨이, 미국의 소설가이자 기자

우리 모두는 과거보다 더 나은 모델이 되는 길을 향해 나아가야 합니다. 아이폰이 그대로 머물러 있었다면, 사람들은 아이폰의 팬이 되지 않았을 것입니다. 성공적인 회사는 계속 제품과 서비스를 개선하고 성장해야 하며, 성공적인 삶을 원하는 사람 역시 똑같이 해야 합니다.

여러분은 성장하거나 혹은 죽어가고 있습니다. 열매에 빗대어본다면, 세계적인 성공 철학가인 짐 론Jim Rohn의 다음과 같은 말로도 표현할 수 있습니다.

"당신은 파릇파릇하게 성장하는 중이거나 빨갛게 농익어

죽어가는 중이다."

우리 삶의 육체적, 영적, 정신적, 관계적, 재정적 측면 그 어느 것에서도 '현재의 상태'에 머물러 있는 것은 좋지 않습니다. 앞으로 나아가지 않으면 뒤로 밀려날 수 있습니다.

전진하거나 후진하는, 또는 성장하거나 죽는 두 가지 방향만 있습니다. 마침내 '도착했다'고 느꼈다면 틀렸습니다. 항상 더 배우고, 더 많이 성장하고, 더 많이 발전해야 합니다.

모두 알고 있다고 생각해서 더 많이 배우려고 하지 않는 자부심과 오만함은 여러분이 꿈꿔 왔던 것보다 더 높이 올라갈 기회를 차단해버립니다.

때로는 새로 온 사람이 무엇인가를 가르쳐줄 수도 있는데, 그 이유는 여러분과는 완전히 다른 시각으로 상황을 바라보기 때문입니다!

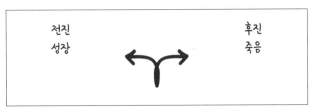

만약 당신이 앞으로 나아가지 않는다면, 당신은 뒤로 밀려난다!

앞에서 기회를 보고 대비할 수 있도록 생각을 준비하는 것에 대해 이야기했습니다. 다음에는 할 수 있는 모든 영역에서 성장하고, 받아들이고, 밀어붙일 수 있도록 생각을 준비해야 합니다. 자신에게 "나는 무엇을 바꿀 수 있을까? 오늘 내가 성장할 수 있는 분야는 무엇인가?"라고 묻는 것은 자신을 발전하도록 밀어붙일 것입니다. 이전에는 존재하지 않았던 것들을 자신 안에 그리고 존재를 통해 창조하십시오.

그렇게 하면 성숙하고 더 효과적이 되어 삶의 모든 분야에서 더 발전하게 될 것입니다.

> "성장은 성공한 사람들과 그렇지 못한 사람들을 구분하는 위대한 분리대이다. 한 사람이 스스로를 집단에서 분리하면서 압도적 우위에 서기 시작할 때 그것은 거의 항상 개인적인 성장 덕분이다."
>
> ― 존 C. 맥스웰. 리더십 계발을 전문으로 하는 미국 작가 및 목사

개인적인 성장은 쉽지 않습니다. 고통 없이는 안 됩니다. 몇 년 전, 저는 크로스핏CrossFit 운동을 몇 주 동안 열심히 했었습니다. 그런데 매일 몸이 너무 아파서 트레이너에게 물

었습니다.

"궁금한 것이 있는데요. 지난 몇 주 동안 매일 이렇게 운동을 했는데 여전히 몸이 너무 힘드네요. 언제쯤이나 익숙해질 수 있을까요?"

그러자 그는 이렇게 말했습니다.

"만약 제대로 하고 있다면 운동이 편해지는 일은 결코 없을 겁니다!"

그런데 우리가 원했던 대답은 이런 말이 아닐 것입니다. 그렇지 않나요? 우리는 항상 조금 더 밀어붙이고, 조금 더 극복하며, 새로운 성장통을 겪어야 한다는 말을 듣고 싶어 하지 않습니다. 그러나 이것이 삶과 성장에 관한 모든 것입니다! "고통 없이 수확 없다"는 말은 사실입니다.

명심해야 할 또 하나의 사실은 여러분이 얼마나 풍족하고 성공했는지에 상관없이 스스로 해야 할 일이 있다는 것입니다. 여러분은 여러분을 위해 팔 굽혀 펴기를 대신해줄 사람을 찾을 수 없습니다. 여러분을 도와주거나 동기를 부여하도록 개인 트레이너를 고용할 수는 있지만, 원하는 변화를 얻기 위해서는 여러분이 실제로 운동을 해야 합니다.

수확으로 이어진 나의 개인적 고통

━━━

때로는 인생에서 가장 어려운 것처럼 느껴지는 일들이 여러분의 자기계발에 가장 큰 영향을 끼칩니다. 가끔 그 당시에는 힘들고 고통스러워 보였지만 저를 성장하게 만들어주었던 제 인생의 어느 시점을 생각해 봅니다. 그중에서 가장 기억에 남는 것은 어린 시절입니다.

앞에서 아버지가 캐나다에서 처음으로 제과점 일을 하실 때 주어진 기회에 부응하기 위해 얼마나 열심히 일하셨는지에 관해 이야기했었습니다. 그 덕분에 아버지는 그리 오래지 않아 제과점의 주인이 될 수 있었습니다. 당시 밴쿠버의 제과점은 저희 집안의 가업이었기 때문에 어머니와 동생, 그리고 저는 정말 열심히 일했습니다. 사실 저의 어린 시절은 그리 호락호락하지 않았습니다.

아버지는 군인처럼 엄격하게 우리를 훈련시켰습니다. 학교에 가기 전에도 매일 아침 정말 열심히 일했습니다. 보통 학교에 가기 전에는 시간이 그리 많지 않다고 생각하시겠지만, 사실 학교 수업이 시작되기 전에는 상당히 많은 시간이 있습니다. 학교에 가는 것은 오히려 저를 위한 휴식 시간이기도 했습니다. 그 당시 집안일과 가족이 운영하던 제과점에서 일하는 것에 비교해보면, 학교에 가는 것은 공원 산책처럼 편한 일이었습니다.

그 당시 저는 토요일을 싫어했습니다. 왜 그랬을까요? 토요일마다 매일 오전 6시에서 오후 3시까지 하루 종일 가게에 있어야 했기 때문입니다. 가게에서 일하는 것은 수업 시간에 땡땡이를 치는 것보다 훨씬 어려웠습니다. 저는 결코 토요일에 늦잠을 잘 수 없었고 친구들처럼 만화를 볼 수 있는 것도 아니었습니다. 그런 이유로 여름과 겨울 휴가도 싫었지요.

이렇듯 어린 시절에 많은 것을 포기했음에도 불구하고 지금은 당시 열심히 일하는 법을 가르쳐준 그 모든 것들에 정말 감사합니다. 친구들이 만화에 몰두해 있을 동안 저는 지금 제가 서 있는 곳까지 오는 데 도움이 될 기술을 배웠던 것이지요.

훈련과 훈련의 고통은 후회에 비하면 작습니다. 짐 론이 말했듯이 "규율의 고통은 그램의 단위처럼 아주 적은 양이지만 후회의 고통은 톤의 단위"입니다. 많은 사람들이 큰 꿈을 위해 작은 것을 포기하지 못합니다. 여러분은 여러분이 마주해야 할 훈련의 고통과 여러분이 '이미' 가진 것에 머물러 사는 고통 중에서 선택해야 합니다.

여러분이 가진 것에 만족한다면 괜찮지만 더 원한다면 더 많은 훈련이 필요합니다. 자기발전은 오랜 시간에 걸쳐 일어납니다. 가장 좋은 예는 신체 단련입니다. 여러분은 대신 운동하도록 누군가를 고용할 수 없습니다. 자기발전도 마찬가지입니다.

좋은 결과를 얻기 위해서는 훈련해야 하고 훈련의 고통도 겪어야 합니다. 저의 어린 시절은 망친 것처럼 보일지 모르지만, 그걸 통해 전진하면서 저는 무엇이든 극복할 수 있다는 생각을 했습니다. 어린 시절에 일찍 일어나고 열심히 일했다면 지금도 그렇게 할 수 있습니다!

사물을 폭넓게 바라보는 것도 중요합니다. 한번은 사물의 상대성에 대해서 누군가와 이야기할 기회가 있었습니다. 어떤 일을 하다가 어려움에 부딪쳤을 때 타인과 비교해서 상대적으로 얼마나 어려운지를 어떻게 말해야 할까요? 그렇습니다. 누구나 다 자신이 가장 큰 어려움에 처해 있다고 생각합니다. 그렇다면 이렇게 질문하고 싶어집니다.

여러분은 지금 제3세계에 있는 사람처럼 신발이 없다거나 일주일에 한 번, 한 끼를 먹는 것보다 더 큰 어려움에 직면해 있습니까? 유사한 예는 얼마든지 있습니다. 확실한 것은 여러분은 내전을 겪어보지도 않았고 유대인들처럼 독일인에게 박해를 당해보지도 않았을 것입니다.

인생은 절대 평등하지 않습니다. 캐나다나 미국 또는 다른 복지국가에서 태어났다면 기본적으로 이미 복권에 당첨된 것입니다. 하지만, 가장 강력하고 아름다운 것들 중 일부는 역경에서 태어납니다. 엄청난 압력 덕분에 석탄 덩어리는 다이아몬드가 됩니다.

> "인격은 꿈꾸듯 쌓을 수 있는 게 아니다. 망치로 두드리고 다듬듯 꾸준히 노력해 스스로 쌓아나가야 한다."
>
> — 제임스 A. 프루드, 영국의 역사가, 소설가, 전기작가
>
> "변화는 자기계발과 같다. 한 번도 가보지 못했던 곳으로 자신을 밀어 넣어라."
>
> — 팻 서미트, 미국 여자 대학 농구 감독

하나의 근육만을 발달시키지 말라

근육 운동을 할 때 단지 특정 근육만을 키워서는 안 됩니다. 예를 들어, 밀고 당기는 운동을 둘 다 해서 가슴과 등 근육 모두를 키워야 합니다. 몸의 한 부위를 나머지 부위보다 약하게 해서는 안 됩니다. 무거운 것을 들어 올릴 때에는 튼튼한 팔뿐만이 아니라 튼튼한 등과 다리 또한 필요합니다. 한 부분이라도 약하면 많이 들어 올릴 수 없습니다. 팔, 등, 다리 운동을 모두 해야 하는 이유입니다.

우리 중 일부는 우리 삶의 한 영역에서는 강하지만 다른 영역에서는 약합니다. 육체적으로는 적합하지만 영적으로 약하면 삶의 균형이 깨질 것입니다. 자기계발을 할 때 자신의 모든 측면을 골고루 발달시켜야 합니다. 여러분은 훌륭한 직업윤리를 가지고 있어서 성공할 수 있었지만 허술한 인간관계 기술 때문에 어려움을 겪을 수도 있습니다. 이처럼, 자기계발을 생각할 때 전체 그림을 보는 것이 중요합니다.

사람들은 내면의 것들이 진정한 성취를 위한 원동력일 때에도 외부 세계에 집중하는 경향이 있습니다. 개인적인 경험을 말하면, 저의 외부 세계는 제가 정신적으로, 영적으로 성장하는 것에 비례하여 성장했습니다. 예를 들면, 재정에서 더 많은 성장을 이루기 위해 더 크게 생각하고 더 큰 방법으로 포기해야 했습니다.

제가 진행하고 있는 식품 사업에서도 하나의 제품에만 집중하지 않습니다. 그 제품의 핵심 성분에 무슨 일이 생기면 어떻게 될까요? 하나의 바구니에 모든 알을 담는 것은 좋지 않습니다. 우리는 지속적으로 새로운 제품을 개발하는 작업을 하고 있으므로 다양화할 수 있었습니다.

로버트 G. 앨런Robert G. Allen의 『소득의 다중 흐름: 평생토록 무제한의 부를 만드는 법Multiple Streams of Income: How to Generate a Lifetime of Unlimited Wealth』이라는 책이 있습니다. 그 책에는 여러 가지 재앙들로 인해 말라 버린 거대한 수입 흐름에 대한 이야기가 있습니다. 그는 진정으로 재정적인 힘을 가지려면 다양한 소득 흐름이 있어야 한다고 가르치고 있습니다. 소득의 한 형태가 중단되더라도 다른 소득 흐름들 덕분에 생존할 수 있습니다.

내적 태도를 발전시키면 인생에서 여러 가지 힘든 과정들을 겪을 때 여러분에게 도움이 될 것입니다.

당신의 코어 근육을 강화하라

———

근육 운동의 예를 계속해보자면 강한 코어 근육을 만드는 것이 리프팅 운동의 시작입니다. 코어 근육이 약하면 다른 근육 운동 과정에서 다칠 수 있습니다. 집을 지을 때 강력한 토대가 중요한 것처럼 무슨 일을 하든 마음과 생각으로부터 시작하는 것이 가장 좋습니다. 신체 단련에서도 운동 전에 좋은 사고방식을 갖는 것이 성공적인 훈련 과정의 첫 번째 열쇠입니다!

여러분이 삶의 보다 현실적인 영역들에서 실제 결과를 보고 싶다면 먼저 내적 자아에 대한 단련을 우선해야 한다고 강력하게 말할 수 있습니다.

신체를 단련하든 비즈니스나 관계 또는 음악 작품이나 조리법을 개발하든 간에 우리는 때때로 진행 과정을 중단하고 평가해야 합니다. 어디를 조정할 필요가 있습니까? 무엇을 추가, 제거 또는 변경해야 합니까?

그것이 바로 오늘을 최대한 활용하는 다음 단계, 즉 **평가** Assessment입니다. 지금부터 시간, 기회 및 계발에 대한 투자가 최고의 역량을 산출하기 위해 최적화되고 있는지 확인하는 방법을 살펴보도록 하겠습니다.

여러분을 최대한 계발하기 위한 과제

과제 1 여러분 자신을 성장시키십시오!

자신이 가장 개발하고 싶은 영역을 생각하고 이것에 대해 심사숙고할 필요가 있습니다.

인생에서 생기는 경제적 문제, 관계적 문제, 건강 문제, 또는 무언가에 대한 능력을 브레인스토밍하고 적어 보면 답을 찾을 수 있습니다.

어떤 문제가 자주, 혹은 심하게 생기면, 우리는 종종 그것이 누군가 혹은 다른 어떤 것 때문이라고 생각합니다. 하지만, 자신을 바꾸어야 합니다. 다른 것은 거의 문제가 되지 않습니다. 스스로를 바꿀 때 환경과 상황은 예전과 동일하게 영향을 미치지 않습니다.

중요한 것들을 선택하고 도움을 구하십시오. 배우고 성장하는 데 도움이 되는 정보가 담긴 책이나 온라인 기사를 찾으십시오. 하루에 적어도 하나의 기사를 읽고 몇 가지 실천을 시작하십시오. 기억하십시오. 마술은 알고 있는 것에서가 아니라 행함에 있습니다.

과제 2 자신에게 올바른 질문을 하십시오.

질문할 때 두뇌가 가장 잘 작동한다는 것을 기억하십시오. 그것은 뇌가 질문의 자극에 반응하도록 프로그래밍되어 있기 때문입니다. 개인적인 성장을 이루기 위해 자신을 위한 목표를 세우고 있다면, 목표를 염두에 둔 다음 자신에게 구체적인 질문을 함으로써 거꾸로 작업하는 것이 바람직합니다.

예를 들어 다음과 같이 질문해볼 수 있습니다.

"오늘 내 목표에 더 가까워지기 위해 할 수 있는 3가지 일은 무엇인가?

누군가와 더 깊은 관계를 맺는다는 목표를 세울 수 있습니다. 100% 보장하지는 못할지라도 관계 기술과 습관을 개발함으로써 가능성을 높일 수 있습니다.

저는 이번 주에 더 나은 남편이 되고 제 아내와 더 가까워지기 위해 할 수 있는 3가지 일이 무엇인지 스스로에게 물어보았습니다.

저의 대답은 다음과 같습니다.

1. 아내와 더 친밀한 대화를 나누는 데 보다 많은 시간을 할애하고, 그녀가 우리의 관계에 대해 어떻게 느끼고 있는지, 그리고 어떻게 하면 그녀가 더 좋아할지 묻는다.
2. 직장에 나가기 전에 그녀를 진심 어린 마음으로 안아주고 키스하며, 하루 일과가 끝나면 다시 그렇게 해 준다.
3. 그녀를 생각하고 있었다는 것을 보여주기 위해, 또 그녀의 마음을 사기 위해 작은 선물을 하는 등 특별한 일을 한다.

성장하려는 분야를 파악하고 자신에게 올바른 질문을 하십시오. 두뇌는 여러분에게 필요한 '과제'를 줄 것입니다!

평가

당신이 가고 있는 길을 보여주는 나침판

> "반성하지 않는 삶은 살 가치가 없다."
>
> — 소크라테스, 고대 그리스 철학자

> "우리의 남은 삶 동안 지속될 무의식의 둔한 고통을 감수하기로 선택하는 대신에 자기 발견의 날카로운 고통을 견디는 데에는 ··· 용기가 필요하다."
>
> — 마리안 윌리엄슨, 미국 영적 교사, 저자 및 강사

평가는 아마도 이 책의 가장 핵심적인 부분일 것입니다. 자신이 어디에 있는지 모를 경우 이동 방향을 알 수 없습니다. 이 책의 각 부분이 모두 중요하지만 궁극적으로 여러분이 이르고 싶은 곳으로 가는 데 있어 가장 큰 차이를 만드는 것

은 무엇입니까?

계발은 아닙니다. 시간에 대한 태도도 그렇습니다. 기회 역시 마찬가지입니다. 그렇다면 평가입니다. 이 장에서 방향을 설정하는 법을 배울 수 있습니다.

이 장은 매우 강력합니다. 그러니 무엇을 하든지 간에 건너뛰지 마십시오! 평가는 잘 활용한다면 강력한 도구가 될 수 있습니다.

제 입으로 말하기 쑥스럽지만, 제 아버지는 정말로 평가에 뛰어나십니다! 아버지는 모든 것을 잘 판단하고 효과적인 해결책을 찾아내십니다!

이 책에서 이번 장을 쓰는 데 많은 것을 할애했습니다. 평가는 생각하고 해결책을 제시하고 문제를 해결하고 옵션을 찾고 분석하는 것입니다. 이로부터 진정한 변화의 힘이 시작됩니다.

앞에서 하루 만에 삶을 완전히 바꿀 수는 없지만, 하루 만에 새로운 방향으로 바꿀 수는 있다고 말했습니다—이 장에서는 그 힘이 어디에서 오는가를 다룹니다.

평가는 인생에서 가장 중요한 탐색 도구 중 하나입니다. 그것은 여러분이 지금 정해져 있는 경로에 있는지 아닌지를 보여주는 나침판과 같아서, 가야 할 방향을 확인하고 올바르게 나아가도록 사용할 수 있습니다.

무엇인가를 평가하기 위해서는 그것의 품질이나 능력을 검토해야 합니다.

우리를 다른 모든 생명체와 구별해주는 인간의 능력 중 하나는 삶을 반성하고 검토하며 행동을 수정하는 능력입니다. 인간은 본능에 반응하고 그에 따라 행동하는 동물과는 달리 추론할 수 있습니다.

삶과 행동의 결과, 또는 행동의 결여를 조사하는 일은 항상 즐겁지는 않지만 매우 중요합니다. 잠시 멈추어 서서 지금까지의 결과를 평가하지 않는다면 다음에 나오는 유명한 인용문에서처럼 광기의 함정에 빠지게 됩니다. 결론적으로, 매번 똑같은 일을 하면서 다른 결과를 기대하는 것입니다.

"같은 행동을 반복하면서 다른 결과를 기대하는 것은 정신이상이다."
— [앨버트 아인슈타인이 말했다고 하지만 어쩌면 아닐지도 모름]

어떤 일이 제대로 되지 않는다면, 한 발 뒤로 물러나서 생각해야 합니다. '음, 그래! 어쩌면 다른 자원을 투입해야 할지 몰라. 순서를 다르게 해야 할 수도 있어. 다른 것을 시도해야 할지도 몰라. 아니면 다른 일을 하거나 다른 방향으로 가야 할 수도 있어.'

지금껏 해왔던 일들이 제대로 되지 않을 때 우리에게는 그것을 평가하고 심사숙고하며 변화를 줄 힘이 있습니다. 그 힘을 바탕으로 코스 조정을 해야 합니다. 1시간에 한 번, 1분에 한 번 심지어 하루에 한 번만 하더라도 절대 빼먹으면 안 됩니다.

인생은 항해와 같습니다. 우리는 매일 항로를 조정해야 합니다. 그래야 정해진 코스에서 벗어나지 않습니다.

잠시 멈추어 서서 지금 어디에 있는지 평가하지 않는다면, 당장은 항로에서 약간 벗어난 것처럼 보이더라도 장래에 큰 문제가 될 수 있습니다. 선박이나 비행기가 먼 거리를 이동하기 위해 출발할 때 단지 몇 도 정도만 항로에서 이탈하더라도 의도된 목적지로부터 상당히 멀리 떨어질 수 있습니다. 항해사와 조종사는 현재의 위치를 지속적으로 확인하도록 훈련되어 있으므로 어디로 가야 할지 그리고 방향을 얼마나 조정할 필요가 있는지 금방 알 수 있습니다.

여러분이 지금 어디에 있는지 그리고 목표에서 얼마나 떨어져 있는지를 모른다면, 재조정은 불가능합니다. 그래서 평가가 중요합니다.

사람들은 하루 중 80%의 시간을 이메일 확인하는 데 소비합니다. 그들은 중요하지 않은 일을 하느라 바쁩니다. 사실, 우리 팀의 핵심 멤버 중 한 사람도 제게 이 회사에 합류하기 전 수년 동안은 자신도 그랬었다고 말했습니다. 그는 일에 우선순위를 매기려고 했지만 이메일을 따라잡는 데 바빴습니다. 그는 이렇게 말했습니다.

너무 많은 일을 하느라 바빠서 심지어 잠도 자지 못하는 공황 상태에 처해 있었을 때 제이는 매일 저의 일을 평가하도록 가르쳐주었습니다. 그는 스티븐 코비Stephen Covey의 『성공하는 사람들의 7가지 습관The 7 Habits of Highly Effective People』이라는 책에 나오는 시간관리 매트릭스에 대해 말해주었습니다. 4개의 사분면으로 나누어진 종이에 해야 할 일을 모두 적습니다. 사분면 1은 '긴급함-중요함', 사분면 2는 '긴급하지 않음-중요함', 사분면 3은 '긴급함-중요하지 않음', 사분면 4는 '긴급하지 않음-중요하지 않음'입니다. 저는 이 매트릭스를 사용하여 매일매일을 평가하기 시작했습니다. 저는 항상 제가 사분면 1과 2를 하고 3과 4를 배제하고 있음을 확인했습니다. 저는 이것을 매일 하려고 노력하고 있습니다. 그것을 연습한 후, 지금은 500~600통의 읽지 않은 이메일이 있지만, 이전만큼 신경을 쓰지는 않습니다. 중요한 일들을 먼저 끝내려고 노력하며, 이제는 저의 프로젝트가 실제로 진행되고 있습니다.

이메일 확인과 같이 중요한 듯이 보이지만 주의집중을 방해하는 요소들을 거부하는 일은 항상 쉽지는 않지만 꼭 필요합니다. 시간을 들여 어떤 활동이 가장 보람 있고 중요하며 정말로 긴급한지 분석하고 결정하는 것은 귀중한 평가 활동입니다.

긴급함-중요함	긴급하지 않음-중요함
긴급함-중요하지 않음	긴급하지 않음-중요하지 않음

스티븐 코비의 시간관리 매트릭스

악마의 소용돌이 피하기

사분면 스타일의 평가 도구는 여러 사람들이 다른 방식으로 사용해왔습니다. 작가이자 강사인 대런 하디는 '주일 계획 시스템Sunday Planning System'을 사용한 후에, 자신이 성공을 거두었다고 말했습니다. 그는 항상 그 시스템을 사용하는 가톨릭 신자인 억만 장자를 만났습니다. 한 주를 준비하면서 매주 주일이 시작되기 전에, 그는 종이 한 장의 맨 위에 '신성한 목적이나 임무'에 관한 내용을 썼습니다. 그리고 그 아래에 사분면을 만드는 십자가를 그렸습니다.

처음 3개의 상자에는 제일 높은 목표 3개를 각각 썼습니다.

마지막 상자는 악마의 소용돌이The Devil's Vortex였습니다. 그는 각 목표를 완료하기 위해 해야 할 통화, 과제와 같은 모든 일을 생각하면서 해당 목표의 상자에 적어 넣었습니다. 3대 우선순위에 들어맞지 않는 것은 악마의 소용돌이에 배치합니다.

중요하지 않은 일들에 빠져서 원하는 목표를 달성하지 못하면 악마의 소용돌이에 빨려 들어가는 것과 같습니다. 시작하기 전에 일주일을 계획하는 것은 평가를 쉽게 하는 좋은 습관입니다. 계획을 보고 자신이 어떤 궤도에 있는지 평가할 수 있기 때문입니다.

목록을 체크하는 것의 힘

일부 사람들이 사용하는 또 다른 도구는 체크리스트checklist 입니다. 저희 가게 중 하나에 새로운 관리자 한 사람이 들어왔습니다. 그녀는 중요한 일들이 해결되지 않고, 교대하는 상사들이 직원들에게 특정한 일을 과할 정도로 반복해서

신성한 목적 또는 임무:	
목표 /:	목표 2:
목표 3:	악마의 소용돌이:

대런 하디의 주일 계획 시스템

시킨다는 것을 알았습니다. 그녀는 각 교대 타임의 모든 부서마다 해야 하는 특정 활동과 시간을 알려주는 체크리스트를 작성하기로 결심했습니다.

그것은 신규 사원을 위한 편리한 도구일 뿐만 아니라 정규 직원을 위한 좋은 알림이었고, 결과적으로 경영진의 부담을 덜어주었습니다. 경영진이 항상 모든 직원들의 업무 상황을 파악해야 할 필요가 더 이상 없었습니다.

이 책을 함께 쓴 노엘라 리더는 상점에서 일하면서 체크리스트의 힘을 경험했습니다. 이 평가 장을 쓰는 것에 대해 저와 이야기한 후, 그녀는 매일 하고 싶은 일과 삶의 다른 분야들에 대한 체크리스트를 작성하기로 결심했습니다.

체크리스트는 여러분이 이룬 작은 목표들을 눈으로 확인하고 평가할 수 있는 점검표입니다. 어떤 사람들은 체크 표시를 함으로써 자신들의 성취를 눈으로 확인하는 것을 좋아합니다. 체크리스트는 여러분에게도 도움이 될 것입니다.

목록	체크
●	
●	
●	
●	
●	
●	
●	
●	
●	
●	

체크리스트

더 많이 생각하는 사람이 되어라

———

여러분이 하는 일에 성공을 거두지 못한다면, 할 수 있는 가장 쉬운 방법은 원하는 결과를 얻는 사람을 찾고 어떻게 했는지 물어보는 것입니다. 그들의 습관과 사고과정은 어떻습니까? 그들이 이룩한 성과의 수준을 생각해보고, 그들이 하는 일을 하십시오.

우리의 사고력은 여러분이 생각하는 것 이상으로 뛰어납니다. 하지만, 우리는 그것을 당연한 것으로 받아들이고 사용하지 않습니다. 어쩌면, 우리는 게으르며 다른 방법을 생각하거나 뭔가를 만드는 일에 노력이 들어가기 때문에 자연스럽게 그것을 피하고 최소한의 저항의 길로 가고 싶어 하는지도 모릅니다.

가끔 "오, 우리는 항상 이렇게 해왔어요! 지난 20년간 이것을 해왔습니다"라고 말하는 회사에 가면, 저는 "왜요? 이건 그냥 한 단계 만에 할 수 있어요. 왜 다섯 단계를 선택하나요?"라고 묻습니다.

가끔 게으름이나, 해왔던 방식으로 하는 데 익숙해 있기 때문에 성장을 위한 새로운 해결책을 생각하려고 시도하지 않습니다. 변명하는 데 익숙하기 때문입니다. 성장하는 길에 약간의 장애물이 있으면 그냥 포기해버리고 이렇게 말합니다.

"나는 그것을 할 수 없어. 왜냐하면…."

하지만, 저는 "나는 할 수 없다"라는 이유를 받아들이고 싶지 않습니다. 그렇게 말하는 대신, "우리가 할 수 있는 이유를 찾아야 합니다!"라고 말하고 싶습니다. 작은 생각에 갇혀 있고 싶지 않기 때문입니다. 비즈니스 현장에서 이런 사례는 수없이 많습니다.

저희 팀원들과 저는 종종 발생한 문제에 대한 해답을 찾기 위해 매우 색다른 접근을 합니다. 단지 색다른 방법을 사용하기 위해서가 아니라 돈이나 자원이 없기 때문에 그런 접근을 하기도 합니다. 하지만, 때로는 돈이 있다고 해서 옳은 대답을 찾을 수는 없습니다. 상식으로 돌아와서 뇌를 사용해야 합니다.

올바른 길이 항상 최선의 길은 아니다

———

여기서 잠깐, 제가 최근에 추론 능력을 사용하여 큰 결정을 내렸던 이야기를 들려드릴까 합니다. 제가 살고 있는 밴쿠버에서 악명 높은 것 중 하나는 높은 주택 가격입니다. 가족을 위해 더 편안하고 더 큰 집을 원했는데, 가장 좋은 방법은 가격이 저렴한 지역에 있는 땅을 사서 우리 가족을 위한 집을 짓는 것이었습니다. 그렇게 생각한 후 우선 땅을 조사하기 시작했습니다.

그런 과정에서 마을의 한적한 위치에 있는 땅조차도 무려 백만 달러에 달한다는 사실을 깨달았습니다. 토지 비용과 집을 짓는 데 드는 비용, 시간, 에너지 등등을 계산해보았지만 도무지 답이 나오지 않았습니다. 직접 집을 지음으로써 250,000달러에서 400,000달러를 절약할 수 있을 것 같다고 생각했지만, 사실이 아니었습니다. 집을 사는 것이 실제로 땅을 사서 1년여의 기간 동안 건물을 짓는 것보다 싸다는 것을 깨닫게 되었습니다. 그리고 마침내 집을 사기로 결정했습니다.

올바른 질문을 하는 것의 힘

여러분은 "좋아요, 제이. 그렇다면 당신은 우리에게 평가하고 뇌를 사용하라는 말을 하고 있군요. 그렇다면 어떻게 해야 합니까?"라고 묻고 싶을 것입니다. 분명한 것은 누구나 자신의 일을 하기 위해 매일 두뇌를 사용한다는 것입니다. 저는 이 책을 통해 생각하는 방법과 뇌를 보다 높은 수준으로 사용하는 것에 대해 이야기해보고자 합니다.

아버지가 저희를 책망하시던 그때, 그러니까 이 책에 대한 첫 번째 아이디어를 얻었던 사건에 대해서 말씀드렸던 것을 기억하십니까?

아버지는 저희에게 소리를 지르시지도 않았고, 저희가 잘못하고 있는 모든 것을 다 말씀하시지도 않았습니다. 대신 아버지는 저희에게 좋은 질문을 하셨습니다. 그 질문들은 우리의 두뇌가 자동 조종 모드를 벗어나 우리가 저지른 잘못을 해결하는 방법을 정말로 생각하게 만들었습니다. 아버지는 훌륭한 질문을 던지셨고, 그 질문은 우리가 올바른 방식으로 일을 진행하는 데 필요한 대답을 제시하게 만들었습니다.

평생을 살아가면서 우리는 "오늘 기분 어떠세요?"와 같은 통상적인 질문을 많이 합니다. 이 질문에는 "좋아요, 감사합니다"라는 통상적 답변을 얻습니다. 이것만으로 충분하지 않습니다. 지금부터라도, 우리는 자신에게 그리고 다른 사람들에게 정곡을 찌르는 질문을 하기 시작할 필요가 있습니다.

그렇다고 해서, "그 헤어스타일은 도대체 무슨 생각으로 한 거예요?"와 같은 잔인한 방식을 말하는 것이 아닙니다. 제 친구가 결혼 생활에 대해 불평할 때, "그녀가 널 위한 여자야"라고 말하는 대신, "그 일을 해결하기 위해 네가 할 수 있는 일은 뭘까? 더 나은 남편이 되기 위해서 너는 어떤 태도를 가져야 할 것 같아?"라고 묻습니다.

우리는 빙빙 돌려서 말하는 대신에, 목표의 방향과 결정에 직접적으로 영향을 줄 수 있는 좀 더 직접적인 내용을 묻기 시작해야 합니다.

구글 키워드 검색을 할 때 올바른 질문을 하는 것이 중요합니다. 모두가 검색을 하지만 구글 검색의 핵심 요소는 적절한 조합으로 올바른 단어를 공식화한다는 것입니다. 구글에서 올바른 정보와 검색 결과를 찾고 '검색 마스터'가 되기를 원한다면 올바른 질문을 하는 방법도 알아야 합니다.

아버지가 회사를 평가하는 법

———

아버지는 다음과 같이 간단하지만 상당히 유용한 평가방법을 가르쳐주셨습니다.

> 눈을 감고 공장의 분위기를 느껴보렴. 무엇이 느껴지는지, 사람들이 일하는 모습은 어떤지. 일하는 노동자들을 내 아내 혹은 내 가족이라고 가정하고 본다면, 그들이 일하는 여건이 편할지, 그렇지 않을지가 보인단다.

저는 현재 이 방법을 모든 비즈니스 시나리오에 적용하고 있습니다. 만일 불편한 현장에서 일하는 직원을 보면, '내

아내도 이런 환경에서 일하기 원할까?'라는 질문을 스스로에게 던집니다. 일의 질은 제 사업의 핵심요소입니다. '직원들이 편하게, 그리고 효율적으로 일할 수 있는지'가 우리의 평가기준이고, 우리는 이를 실천하고 있습니다.

제가 여러분에게 한 단계 높은 수준의 사고나 인생을 평가할 수 있는 핵심적인 방법을 한 구절로 정리해드린다면, 그것은 바로 "보다 나은 결과를 원한다면, 보다 나은 질문을 하라"입니다.

> "성공한 사람은 한 단계 높은 수준의 질문을 하고,
> 결과적으로 보다 나은 대답을 얻는다."
> ― 토니 로빈슨, 미국 작가, 기업가, 자선사업가, 라이프 코치

우리의 뇌는 질문이 주어지면 자동적으로 답하는 방식으로 작동합니다. 평상시에는 모든 프로그램을 가동하면서 대기하다가, 질문의 형태로 과제를 던져주면 그제야 해결합니다.

저는 앞서 기존의 운영방법을 고수하는 기업들을 언급한 바 있습니다. 마찬가지로, 우리도 각자가 일해 온 방식과 이

유들이 지금도 유효한지를 자신에게 물어보아야 합니다.

낭비된 반죽 가장자리

반죽의 가장자리를 잘라내고 빵을 굽는 여인에 대한 웃지 못할 이야기 하나를 소개할까 합니다. 어느 날 그녀의 남편이 왜 반죽의 가장자리를 자르는지 물었습니다. 그녀는 그녀의 어머니가 그렇게 하는 것을 보고 자랐기 때문이라고 말했습니다. 그녀의 어머니는 그녀의 할머니, 즉 그녀의 어머니의 어머니가 그랬기 때문이라고 답했습니다. 그리고 그들이 그녀의 할머니로부터 들은 답변은 바로 '빵을 굽는 팬이 너무 작았기 때문'이었습니다.

여러분은 생각을 작게 하기 때문에 소소한 일을 하고 있지는 않습니까? 그렇다면, 보다 큰 질문을 해보시기 바랍니다!

질문을 해야 하는 또 다른 이유는 여러분이 생각했던 것과 다른 답을 얻을 수도 있기 때문입니다. 답을 알고 있다고 속단하는 것은 금물입니다.

최근 한 인도사람에게 교회에 다닌 적이 있는지 물었습니다. 그 인도사람이 힌두 혹은 시크교도일 것이라고 가정하고, 교회를 다닌 적이 없을 것이라고 생각했습니다. 하지만, 그는 "아, 그럼요. 저는 침례교인으로, 교회에 꾸준히 가고 있습니다"라고 답했고, 저는 겉모습만으로 판단해버렸다는 것에 마음이 불편했습니다. 질문은 사람이나 사물의 겉모습뿐 아니라, 그 이상의 것을 이해하는 데 도움을 줍니다.

여러분은 배우자가 여러분에게 소리 지르지 않기 때문에 행복한 결혼생활을 하고 있다고 생각할지도 모릅니다. 여러분의 배우자는 화가 나 있지만 보여주지 않고 있을 수도 있습니다. 그럴 땐 다음과 같이 물어보십시오. "우리 결혼생활에 있어 당신을 더 행복하게 해 줄 수 있는 방법은 무엇일까?" 혹은, 직원에게 "일을 수행하는 데 가장 큰 장애물은 무엇인가요?"라고 물어보시기 바랍니다.

기본적으로 제가 드리고 싶은 이야기는 여러분이 알고 있다고 생각하는 것에 대한 선제적 판단을 내려놓고, 열린 마음으로 타인에게 혹은 자신에게 질문하라는 것입니다.

그러면, 다음으로는 유용한 질문을 묻는 방법에 대해 살펴
보도록 하겠습니다.

5W1H의 힘

기자들은 뉴스 기사를 쓸 때 5W1H에 대답하도록 배웁니
다. 사람들은 누가Who, 언제When, 어디서Where, 무엇을What,
어떻게How, 왜Why 하는지에 대한 답변을 원합니다. 그들은
심지어 그 단어들을 써 놓고 답을 찾도록 연구하고 질문합
니다.

답을 찾거나 문제를 해결할 때 '누가, 언제, 어디서, 무엇을,
어떻게, 왜'를 사용해서 시작하는 것은 생각을 가다듬는 최
고의 방법입니다. 이것은 너무 단순해 보일 수도 있지만, 종
종 간단한 것들이 가장 강력합니다. 우리가 이러한 질문을
사용할 수 있는 예를 들어 볼까요?

저는 언제 제 아내와 결혼하려고 했을까요?

저는 앞에서 장인어른께서 당신의 딸이 캐나다에서 살기를

원하지 않으셨던 문제에 대해 이야기했었습니다.

저는 5W1H의 질문을 통해 문제를 해결하기 시작했습니다.

- 무엇이 문제인가?—그녀의 아버지는 그녀가 캐나다로 이주하기를 원하지 않는다.
- 왜 아버지는 그걸 원하지 않으실까?—아버지는 그녀를 그리워하실 것이고 그녀가 괜찮은지 확인할 수 있도록 가까운 곳에 계시지 못하기 때문이다.
- 어떻게 내가 그녀를 잘 돌볼 것이라고 아버지의 마음을 설득할 수 있을까?
- 어느 선에서 우리는 아버지를 더 만족스럽게 할 수 있는 타협점을 만들 수 있을까?
- 누가 아버지에게 말을 걸 수 있을까?
- 언제가 아버지가 기분이 더 좋은 채로 이야기해볼 가장 좋은 시기일까?

제가 무슨 말을 하는지 아실 겁니다. 여러분은 이것을 다이어트에도 사용할 수 있습니다:

여러분은 지금 무엇을 측정하고 있습니까?

여러분은 왜 살이 찌고 있습니까?—운동이 충분하지 않고 야식이나 라면을 너무 먹어서 그런 것이겠지요.

그렇다면 여러분의 습관을 바꾸기 시작하려면 어떻게 해야 할까요?—라면을 단백질 셰이크로 바꾸고 운동할 시간을 만드세요.

어디서 운동을 할 수 있습니까?—집 안에 나만의 멋진 운동 공간을 만들어보세요.

운동할 때 그리고 식사할 때 누가 여러분을 도와줄 수 있습니까?—페이스북에 글을 올리고 친구들에게 함께 운동하자고 해보세요!

창의력을 발휘하고 질문하는 것을 재미있게 즐기십시오. 여러분의 두뇌는 창조하고 노는 것을 좋아합니다. 때때로 우리는 문제를 해결하려고 할 때 너무 심각합니다. 질문의 힘을 활용할 수 있는 더 좋은 방법에 대해 이야기해보도록 하겠습니다.

브레인스토밍과 마스터마인딩

———

종이와 펜 또는 화이트보드를 꺼내거나 워드 문서를 열고 시간을 들여 무엇이든지 브레인스토밍해 보십시오.

5W1H라는 질문은 일종의 브레인스토밍입니다. 그것은 보드에 문제를 쓰고 동그라미를 친 다음 원 주위에 무작위적인 생각과 질문들을 적고 사고의 흐름을 보여주는 화살표를 그리는 것입니다. 때때로 그것은 여러분이 두뇌의 분석적 측면을 넘어서 창의적이고 틀에 얽매이지 않는 해답을 찾도록 도와줍니다.

성공한 사람들의 또 다른 모범 사례는 마스터마인딩master-minding[5]을 활용하는 것입니다. 비즈니스 성장에 관한 많은 훌륭한 서적은 사람들이 특정 주제나 문제에 대해 브레인스토밍을 할 때 마스터마인딩 그룹을 형성하도록 권장합니다. 그룹에 질문을 물어보고 두 사람 이상의 지혜가 하나의

———

5 (편집자 주) 마스터마인딩은 집단의 멤버들이 자발적으로 기부한 아이디어로부터 특정 문제에 대한 해결책을 찾으려고 노력하는 창조적인 기법이다. 나폴레온 힐과 앤드루 카네기(Andrew Carnegie)는 1937년 나폴레온 힐의 저서 『Think and Grow Rich』에서 이 용어를 만들어 대중화시켰다.

해결책을 위해 협력함으로써 좋은 질문의 힘을 더 활용하는 것이지요.

이 작업을 올바르게 수행하는 그룹에서 일어나는 일을 경험하는 것은 정말 짜릿합니다. 함께 모이면 방 안의 에너지와 시너지가 서로에게 전달되어 더 많은 것을 성취할 수 있습니다. 또한 서로에게 꿈과 희망을 줍니다. 예를 들어, 저는 이 책을 쓰고 싶다는 생각을 오랫동안 해왔고, 저보다 글쓰기 재능이 나은 다른 사람과 함께 작업을 시작했으며, 그러고서 우리 둘은 이 책을 쓰게 되었습니다. 그리고 더 많은 친구들을 데려와 마스터마인딩 모임을 만들어서 더 많은 아이디어를 통해 책을 발전시켰습니다.

평가는 우리의 뇌를 사용하는 것입니다. 올바른 질문을 함으로써 정말로 우리의 뇌가 더 빠르게 움직이기 시작하도록 하는 것입니다. 이것은 우리 자신에게 정직하고, 현재 우리가 어디에 있는지 어디로 가기를 원하는지 그리고 그곳에 어떻게 이를지를 발견하는 것입니다.

평가는 우리가 하고 있는 일과 그것을 하는 이유를 검토하고, 최고 우선순위의 것들을 결정하며, 필수적이지 않은 활동들을 그만두고 가장 중요한 일들에 집중하도록 하는 것입니다.

우리에게는 생각할 수 있는 훌륭한 능력이 있습니다! 우리는 단순히 존재하고 흐름에 몸을 맡기는 일을 멈추어야 합니다. 아침, 점심 또는 커피 브레이크나 저녁 또는 잠자기 전에 5~10분 정도 시간을 바르게 사용하고 있는지 평가해 볼 것을 권하고 싶습니다.

스스로에게 물어보십시오. "나는 새로운 기회에 열려 있고 그것들을 찾고 있는가? 오늘 끝내기로 작정한 일들을 모두 완수했는가? 태도 조정을 할 수 있는가? 내가 시간을 현명하게 투자하고 있는가?"

"그렇지 않다면 어떻게 다르게 해야 할까?"

자신에게 잔인할 정도로 정직하다는 것이 실제적인 성장에 필수적입니다. 자신에게 매정하라는 것이 아니라 정직하라는 의미입니다.

여러분의 판단에 관대하고 그것을 사랑하십시오. 죄책감에 사로잡히거나 실수에 대해 후회하지 말고, 자신을 용서하십시오. 여러분이 성장하고 있다는 것을 깨닫고, 완벽을 기대하지 마십시오!

우리는 단지 외부 영향에 반응하는 동물이 아닙니다. 우리는 우리 주변의 세상에 대해 생각하고 영향을 미치는 능력을 가지고 있습니다. 그것이 우리를 다른 어떤 종과도 구분 짓는 하나님이 주신 선물입니다.

'평가Assessment'의 전체적인 목적은 나를 되돌아보고 우선순위를 매길 조용한 시간을 가지는 것입니다. 이것은 모두가 알고 있는 상식이지만 많은 사람들이 실제로 행하고 있지 않습니다.

요즘에는 스마트폰, 소셜 미디어 및 인터넷과 같이 우리의 주의집중을 방해하는 것들이 점점 많아지고 있습니다. 모든 사람과 모든 것들이 우리의 관심을 끌기 위해 경쟁하지만 가치가 있는 삶을 원한다면 우리의 삶에 관심을 기울여야 합니다.

조용히 혼자 반성하고 묵상하는 시간을 하루 일과 중 필수 습관으로 만드십시오. 그렇게 한다면 커다란 보상을 받을 것입니다!

자기평가의 힘

———

자기평가의 기술은 학생들의 학업의 질을 향상시키는 데에서 놀라운 결과를 보여줍니다. 교사들은 학생들 스스로 과제를 측정할 수 있는 자기평가 도구를 만드는 것이 더 높은 수준의 학습을 장려한다는 사실을 발견했습니다.

단순히 빨간색 X, 체크 표시 또는 학년 점수로 된 교사의 판단을 받는 대신에 학생들은 기대를 나타내는 내용을 보고 그에 따라 학업을 다시 조정할 수 있습니다. 학생들은 최소한의 노력만 기울이는 대신에 그들의 학업을 더 높은 기준으로 끌어올리기로 결정합니다. 그들은 스스로를 평가하고 도전합니다.

많은 사람들이 마치 로봇처럼 삶을 살아가면서 다른 사람들의 판단과 평가를 받습니다. 대신에, 스스로 측정을 하고 필요할 경우 조정 및 수정하도록 유도하는 자체 평가 도구를 만들어야 한다고 생각합니다.

> "항상 해왔던 일만 계속한다면,
> 당신은 당신이 갖고 있던 것만을 얻게 될 것이다."
> ― 잭 캔필드, 미국 작가, 동기부여 강사, 세미나 리더, 기업 트레이너 및 기업가

잠시 시간을 내어 자기 평가에 투자하면, 똑같은 일을 하고 다른 결과를 꿈꾸는 광기의 함정에 빠져드는 시간을 절약할 수 있습니다.

시간은 가치 있다는 것을 기억하십시오. 그것은 유한하며 우리에게 가장 소중한 것입니다. 기회가 노크할 때, 그것은 문 옆에 서서 기다리지 않습니다. 자신이 시간을 사용하는 법을 어떻게 계발하고 있는지 정기적으로 평가해야 합니다.

다음은 두 부분으로 나뉩니다. 오늘TODAY에 관한 이야기 중 가장 흥미 있고 의미 있는 부분입니다.

그것은 여러분이 거둔 **수확**Yield에 관한 것입니다—오늘을 잘 사용하는 데에서 나머지 단계를 모두 마친 후에 여러분과 전 세계가 누릴 수 있는 노동의 결실입니다. 그것은 무한한 보물과 삶의 만족을 가져다줄 오늘의 힘The Power of TODA(Y)² 의 잠금을 해제하는 데 결정적이고 필수적인 2개의 열쇠입니다!

행동 평가를 위한 과제

과제 1 일주일 평가표 및 일일 평가표를 만드십시오.

대런 하디의 주일 계획 시스템을 사용하여 한 주를 시작하기 전에 일주일을 계획하십시오. 매일 아침 스티븐 코비의 4사분면을 사용하여 처음 두 가지, 즉 '긴급함-중요함'과 '긴급하지 않음-중요함'에 해당하는 것들을 적으십시오.

과제 2 평가 시간을 계획하십시오.

하루를 평가할 때, 하루에 몇 차례 작은 시간 단위를 만들어야 합니다. 휴대 전화나 다른 장치에 1~3간격으로 타이머를 설정하고 지금까지의 하루에 대해 생각해보십시오. 여러분은 여러분의 스케줄에 따라 어느 때가 평가하기에 가장 좋은지 알고 있습니다.

잠시라도 기다리지 마십시오. 시간을 만드십시오. 잠시 동안 전화 또는 주의집중을 방해하는 다른 것들을 무시하고 그냥 하루를 되돌아보고 생각하십시오.

자신이 어떻게 하고 있다고 생각하는지 자문해보십시오.

목표를 성취하기 위해 해야 할 가장 중요한 것들에 충실하십니까?

여러분에게 떠오르는 생각이나 아이디어들을 적어 두십시오.

지금 이 시간을 권투선수가 잠시 코너에 앉아 경기를 이기기 위해 필요한 움직임에 대해 코치와 전략을 세우는 휴식 시간이라고 생각하십시오.

숨을 고르고, 오늘 어떻게 하고 있었는지 생각해보고, 여러분이 받은 타격의 고통을 떨쳐 버리고, 새로운 전략을 세우고, 링에 다시 들어가고, 필요에 따라 펀치를 조정하십시오.

과제 3 **연중 정기적으로 평가 시간을 설정하십시오.**

캘린더나 연간 계획표를 꺼내고 일주일에 한 번, 월 1회, 분기마다, 일 년에 한 번씩 시간을 설정하여 시간 사용에 대한 전반적인 평가를 하십시오.

필요에 따라 다시 조정하십시오.

"고장 난 기계를 다시 작동시키는 유일한 방법은 그것을 부수고, 내부 시스템에서 작업하고, 다시 고치는 것이다. 인생의 나사를 풀고 스스로 점검하고 일하며 인생을 다시 고치고 가라."

— 이즈라엘모어 아이보르, 전 세계 청소년 지도자들을 훈련시키는 IPDLA의 설립자

수확^2

기하급수적인 성장을 위한 두 가지 열쇠

이제 우리는 두 가지 형태의 수확을 살펴볼 것입니다. 두 가지 함수를 함께 사용하면 지수함수를 가지게 될 것입니다.

수확Yield이라는 단어가 제곱되어 있거나 2의 거듭제곱임을 알 수 있습니다.

수학을 잘 못한다고 해도, 기본적으로 지수는 숫자가 곱해진 횟수를 나타냅니다.

예를 들어 2의 세제곱(2^3)은 다음을 의미합니다.

$2 \times 2 \times 2 = 8$.

2^3은 $2 \times 3 = 6$과 같지 않으며 더 큰 합계를 가집니다.

숫자가 커지면 최종 합계가 엄청날 수 있습니다.

예를 들면 다음과 같습니다.

10을 10의 배율로 곱하면 10배(10^{10}) = 10,000,000,000 또는 100억!

'지수적'이라는 단어의 정의는 기본적으로 매우 빠른 증가를 특징으로 합니다.

저는 우리 모두가 노력의 결과로 엄청나게 빠른 증가를 원한다고 생각합니다. 어떻게 해야 하는지 한번 살펴보도록 하겠습니다.

첫 번째 수확:
생산

'성공 메커니즘'을 어떻게 만들 것인가?

> "자신을 평가하는 가장 좋은 방법은 매일 생산하는 제품에 대한 평가를 기반으로 하는 것이다."
> — 선데이 아델라야, Embassy of the Blessed Kingdom of God for All Nations 창립자

앞에서 측정 형식에 대해 이야기했습니다. 오늘은 시간, 즉 분 및 초 단위로 측정됩니다. 그 분과 초 단위는 우리가 그 것들에 투자하는 에너지에 의해서도 측정될 수 있습니다. 우리는 매일매일 한정된 양의 육체적, 정신적, 감정적 생명 에너지를 가지고 있습니다. 잘못된 것에 사용하여 에너지 를 낭비한다면 하루를 낭비하게 됩니다.

우리의 삶은 시간과 업적으로도 측정됩니다.

우리의 일일 생산량, 즉 우리가 생산하는 실제 산출물은 완벽한 자기 평가 측정 도구입니다. 우리는 매일매일 측정할 수 있는 무엇인가를 생산해야 한다는 사고방식을 가질 필요가 있습니다.

> "당신은 실제로 프로젝트를 수행하는 것이 아니라 관련된 작업 단계만 수행할 수 있다. 적절한 행동 단계가 충분히 취해졌을 때, 당신이 그것을 '완료'라고 부를 수 있을 만큼 충분히 결과의 초기 그림과 일치하는 어떤 상황이 만들어질 것이다."
>
> — 데이비드 앨런, "Getting Things Done"[6]으로 알려진 시간관리 방법의 창시자이자 생산성 컨설턴트

쉽게 측정할 수 있는 무엇인가에 대한 목표를 갖는 것이 정말로 도움이 됩니다. 여러분이 멋진 몸매를 원한다면, 그것을 달성하기 위해 특정한 행동을 취할 필요가 있습니다.

대부분의 사람은 따라야 할 계획을 가지고 있으면 도움이

---

6 (편집자 주) 일명 'GTD 방식'이라 불리는 일 정리법이자 시간관리 방법이다. '일을 수집하고, 명료화하고, 정리하여, 검토, 실천하는' 5단계 업무흐름 정리법으로 구성되어 있다. 같은 제목의 책이 2001년 미국에서 처음 출간되었고, 2015년에 최신판으로 업그레이드되었다. 한국에서는 2016년에 『쏟아지는 일 완벽하게 해내는 법』이라는 제목으로 번역되었다.

된다는 것을 알고 있습니다. 특정 열량의 음식을 먹으면 측정이 가능합니다. 만일 여러분이 일정한 세트와 횟수 그리고 무게로 이두근육을 키우는 바이셉스 컬 운동을 하고 그것을 계속 기록하면 그다음에 무엇을 해야 할지 알 수 있습니다. 이러한 측정 가능한 일을 계속하면 결국 원하는 결과를 얻게 됩니다.

아이디어가 있다면, 적어두십시오. 그것은 측정 가능한 것입니다. 두뇌에서 종이로 옮길 때 그것은 생명을 얻게 됩니다.

어쩌면 그로부터 시제품을 만들거나, 사람을 만나거나, 전화를 걸어 회의 날짜를 설정할 수도 있습니다. 그것이 무엇이든, 우리는 우리의 아이디어를 실제로 존재하게 할 수 있는 선물과 힘을 가지고 있습니다. 매일매일 생산하는 것은 최초의 T, 즉 시간Time으로 이어집니다. 그것은 유한합니다—우리는 그것을 내일 할 수 없습니다. 내일도 오늘과 같다고 생각하지 마십시오.

아침에 일어나면 또 다른 하루가 시작된다는 것에 대한 감사와 고마움으로 가득 차 있어야 합니다.

해가 지기 전에 오늘, 적어도 한 가지를 만들어야 합니다. 실체적으로 존재하는 무엇인가를 생겨나게 하십시오.

윌 스미스가 한 번에 하나의 측정 가능한 활동을 실현시키는 이 원칙에 대해 말하고 있는 멋진 일화가 있습니다.

벽돌 이야기

윌이 어렸을 때, 그의 아버지는 자기 가게의 커다란 정면 벽을 교체하기로 결정했습니다. 그것은 높이가 약 16피트, 너비가 약 30피트였습니다. 그는 윌과 그의 남동생에게도 힘든 일을 시켰습니다. 그들은 6피트 길이의 구멍을 파고 시멘트를 섞고 벽돌을 쌓아야 했습니다.

그들은 방과 후 매일 그 일을 했고 윌은 어느 시점에 그 벽에 거대한 구멍이 생길 것이라고 생각했습니다.

그 작업은 1년 반이나 걸렸지만, 그들은 그것을 해냈습니다! 일이 끝나고 두 소년이 그곳에서 아버지와 함께 완성된 작업을 보았을 때, 아버지는 말씀하셨습니다.

"뭔가를 할 수 없다고 결코 말하지 말거라!"
월은 다음과 같이 말했습니다.

저는 아주 어렸을 때 부모님으로부터 처음부터 벽을 세우겠다고 해서는 안 된다는 것을 배웠습니다. 당신은 한 번에 벽을 쌓으려고 노력하는 것이 아닙니다. 당신은 지금까지 건설된 가장 크고, 가장 나쁘며, 가장 중대한 벽을 지을 거라고 말해서는 안 됩니다. 당신은 거기에서부터 시작하지 않습니다. 당신은 "나는 이 하나의 벽돌을 쌓을 수 있는 만큼 완벽하게 놓을 거야. 이 지구상에 어떠한 벽돌도 이 하나의 벽돌처럼 놓일 수는 없을 거야"라고 말해야 합니다. 그리고 당신이 빼먹지 않고 매일 그것을 할 때, 곧 벽을 가지게 될 것입니다. 그동안, 경쟁을 하면서 지켜본 많은 사람들에 대해 공통적으로 느끼는 점은, 작업이 얼마나 힘든지를 알면 첫발을 내딛기가 어렵다는 것입니다. 중요한 것은 그저 벽돌 하나를 쌓는 일입니다.

이것은 매일매일 한 가지를 생산하는 것의 완벽한 그림입니다. 결코 완성되지 않을 것 같아도 말입니다. 두 소년이 매일 방과 후 하나씩 벽돌을 쌓아 언젠가 큰 벽돌 벽을 세울 수 있었다면, 여러분도 한 번에 하나의 '벽돌'을 쌓아 여러분의 꿈을 이룰 수 있습니다. 여러분이 무엇인가 멋진 것을 얻을 때까지 각각의 작은 성공은 다음 성공으로 이어질 것입니다.

한번은 제 친구가 저에게 윌 스미스의 '벽돌 이야기'에 맞는 일화를 들려주었습니다. 그는 자신의 친구가 비즈니스를 위해 아프리카에 갔다고 말했습니다. 그 친구는 일이 잘 안 되서 낙담했습니다. 그는 현명한 아프리카 노인에게서 조언을 듣기 전까지는 모든 것을 포기하려고 했습니다. 그 현인은 "모든 일을 벽돌을 쌓듯이 차곡차곡, 천천히 하라"고 말했습니다.

저도 마찬가지입니다. 제 실수로 인해 생긴 엄청난 빚을 갚기 위해 월급을 차곡차곡 쌓아야 했습니다. 더 빨리 이룰 수 있었으면 좋겠다고 생각했지만, 그것을 충실하게 지켰습니다. 머지않아서 부채는 없어졌고, 제 자신을 극복해 낼 수 있었습니다.

저는 포기하지 않았습니다. 그리고 여러분을 응원하기 위해 이 책을 썼습니다. 벽돌을 쌓듯이 차곡차곡 쌓으며 절대로 포기하지 마십시오.

다른 종류의, 할 수 있었던 작은 기관차—작은 성공의 힘

『성공한 작은 기관차』라는 제목의, 작은 기차 엔진에 관한 동화가 있습니다. 기차 엔진이 언덕을 오르는 데 어려움을 겪고 있었습니다. 작은 엔진은 칙칙 연기를 뿜고 "할 수 있어, 할 수 있어, 할 수 있어!"라고 말하면서 계속 언덕을 오르려고 했고, 마침내 꼭대기에 도착했습니다.

재미있는 목적을 가진, 또 다른 작은 엔진이 있습니다. 커다란 불도저에는 큰 디젤 엔진이 그 자체로 작동하기 전까지 그것을 계속 돌아가게 도와줄 작은 가솔린 엔진이 필요합니다.

이렇듯 큰 기계들은 일단 작동하면 제법 큰일을 할 수 있는

힘을 가지고 있지만, 그걸 얻기 위해서는 작은 엔진을 필요
로 합니다.

작은 성공은 우리 꿈의 더 큰 엔진을 작동시킬 힘을 얻게 해
줍니다. 목표를 향해 나아갈 때 작은 승리는 여러분에게 긍
정적인 에너지를 만들어 주고 여러분에게 다음 작업을 시
작할 연료를 줍니다.

> "작은 승리는 큰 승리로 이어진다!"
>
> "성공은 한 번의 폭발적인 시도로 인한 결과가 아니다. 많고 많은 작
> 은 승리의 절정이다."
>
> — 조셉 M. 마셜 3세, 역사학자, 작가, 행정가, 배우 및 연사
>
> "작은 성취감에서 시작하라. 단 5분 더 일찍 일어나는 것과 같은
> 사소한 실천도 당신에게 자신감을 준다. 이런 작은 성취감이 당신을
> 기분 좋게 만들고 계속 노력하게 해 줄 것이다. 실패에 대한 두려움
> 으로 아무것도 하지 않는 것이 실패하는 것보다 더 나쁘다."
>
> — 아널드 슈워제네거, 오스트리아계 미국인 배우, 영화 제작자, 정치가, 전직 보디빌더

훌륭한 코치와 교사는 학생들이 작은 승리로 시작하도록
돕는 것의 힘을 알고 있습니다. 학생들에게 할 수 있는 쉬운
과제를 주면 그들은 성취감에 흥분하고, 이것은 다음 단계

로 나아갈 수 있는 자신감을 심어줍니다!

그래서 여러분이 내딛는 첫걸음은 무엇입니까? 그저 시작하고, 처음에 한 가지를 그리고 그다음 일을, 그런 이후에 또 그다음 일을 하십시오.

할 만한 가치가 있다면 '지금' 하는 것이 가치가 있다는 사실을 기억하십시오. 그래서 한 번에 하나의 측정 가능한 노력으로 꿈과 아이디어가 생겨나게 하십시오!

그것이 수확 마인드가 하는 것입니다—무언가를 생산하기 위해 자신을 '준비'하십시오.

하루를 끝내기 전에 실제로 무엇인가를 만들어내는 것이 중요합니다. 여러분이 진짜로 무엇인가를 생산하기 위해서는 반드시 여러분의 생각을 준비하십시오.

> "바쁜 것이 항상 실제 작업을 의미하는 것은 아니다. 모든 일의 목표는 생산 또는 성취이며, 이러한 생산과 성취에는 사전 숙고, 체계, 계획, 지능 및 정직한 목적뿐만 아니라 땀이 있어야 한다. 하는 듯 보이는 것이 하는 것은 아니다."
>
> — 토머스 A. 에디슨, 미국의 발명가이자 사업가

내가 매일 쌓는 '무형의 벽돌'

———

측정 가능한 결과를 낼 수 있도록 유형적이고 측정 가능한 것들을 해야 한다고 말했지만, 측정하기 쉽지 않고 무형적으로 보일지라도 하는 것이 중요한 일들이 있습니다. 예를 들어, 주변 사람들과의 친밀감을 구축하는 것은 우리 모두가 해야 할 일입니다.

우리는 하루를 보내면서 가족에게 사랑한다고 말하지 못할 때가 있습니다. 가족과 가까이 있지만 그것을 말로 표현하지 않습니다. 인생의 중요한 사람들에게 그들을 사랑한다는 것을 알릴 수 있는 모든 기회를 잡아야 합니다. 이것이 관계 지향적인 모습입니다. 그렇게 되면 "이봐, 너를 사랑해. 나는 너를 좋아해. 너는 나에게 특별해"라고 말함으로써 관심 있는 사람들과 보다 긴밀한 관계를 맺을 수 있습니다!

수확의 두 번째이자 마지막 부분인 다음 장은 이 모든 행동과 시간과 기회의 사용을 기하급수적으로 곱하는 것입니다!

이것은 황금률에 기초한 황금 열쇠입니다—"다른 사람에게 대접받고 싶은 대로 다른 사람을 대접하라!"

매일의 생산을 위한 과제

과제 1 아무리 작아도 승리를 기록하십시오.

하루를 마무리하면서 눈에 띄는 것이나 측정 가능한 결과라고 생각하는 모든 것을 적어 두십시오. 자신이 아직 하지 않은 것에 집중하지 말고, '벽'을 생각하지 말고, 쌓은 각각의 '벽돌'에 주목하십시오! 아무리 작은 일이라도 자신이 한 일에 대해 칭찬을 해주십시오!

할 수 있으면 그것을 볼 수 있는 곳에 게시하십시오. 그러면 그것이 여러분을 격려할 것입니다. 발전해가고 있다는 것을 알면 계속할 희망과 열정을 얻을 수 있습니다.

두 번째 수확:
섬김과 순종

우리 인생의 최고의 성공은 타인에게 봉사하는 것이다

섬김

옥수수 씨앗을 뿌린다면 밀을 수확하지 않을 것입니다. 옥수수 씨 하나만 뿌린다고 해도 그 하나의 씨앗으로 인해서 많은 양의 옥수수를 수확할 수 있습니다.

파종은 흥미롭고 놀라운 것입니다. 땅에 하나의 씨앗을 심으면, 심은 것보다 더 많은 결실을 수확할 수 있습니다. 밀이나 옥수수 한 알은 많은 양의 곡물이 들어 있는 줄기로 변하기 때문에 항상 뿌리는 것보다 더 많이 수확합니다. 그것은 모든 삶의 영역에서 작용하는 자연스러운 성장 원리입니다. '성장 법칙'의 나머지 절반은 여러분이 뿌린 대로 거둔다는 것입니다. 예를 들어, 여러분이 옥수수 씨를 뿌린다면, 밀을 수확하지 못할 것입니다.

여러분도 여러분이 심는 대로 거둘 것입니다! 어떤 사람들은 다른 사람들을 위해 좋은 일을 하지 않으면서도 좋은 일이 생기기를 기대합니다. 그러나 그런 일은 없습니다. 그건 마치 아무것도 심지 않고 수확을 기대하는 것과 같습니다. 마치, 로또나 요행을 바라는 것과 같습니다.

오늘의 힘The Power of TODA(Y)² 의 마지막 부분은 삶의 모든 부분에 꼭 적용해야 할 내용입니다.

이번 장의 진리는 다른 모든 분야의 성공을 위한 기초입니다. 그것은 여러분의 삶의 모든 것에 기하급수적인 힘을 더해줍니다. 그것은 다른 사람들을 희생하기보다는 다른 사람들의 이익을 위해 우리가 할 수 있는 모든 일을 하는 힘입니다. 다른 사람들의 삶에 친절의 씨앗을 뿌리는 것이 자신의 삶을 더 풍요롭게 할 수 있는 원리입니다.

> "주라. 그리하면 너희에게 줄 것이니 곧 후히 되어 누르고 흔들어 넘치
> 도록 하여 너희에게 안겨 주리라. 너희가 헤아리는 그 헤아림으로 너
> 희도 헤아림을 도로 받을 것이니라."
>
> —「누가복음」 6장 38절

저는 종교인은 아니지만 영적인 사람입니다. 저는 하나님을 따르는 사람입니다. 저는 하나님께 순종합니다. 하나님은 우리 모두가 서로 봉사하기를 바라십니다. 예수님은 자신의 삶을 온전히 다른 사람을 섬기는 데 사용한 하나님의 완전한 모형입니다.

예수님처럼 하는 것이 항상 쉽지는 않습니다. 언제나 가장 유익한 일처럼 보이지도 않습니다. 다른 사람들에게 봉사할 때 시간, 에너지 또는 우리 자신이 필요로 하던 것들이 항상 소비됩니다.

그것을 인정하든 안 하든, 우리의 신념 체계가 무엇이든 간에, 우리 모두는 때로 이기심으로 투쟁합니다. 우리가 하는 일 중 많은 것들이 우리 자신의 필요를 충족시키는 이기적

인 동기에서 비롯될 수 있습니다. 문제는 이기적인 동기로 일을 한다면 멀리 가지 못한다는 것입니다. 삶에서 가장 좋고 가장 보람 있는 성취감을 맛보고 싶다면, 다른 사람들을 위해 가치를 만들어야 하고 다른 사람들에게 봉사해야 합니다.

자신을 위해 일할 때보다 아이들이나 아내를 위해 일할 때, 그 힘과 의지가 훨씬 강력합니다. 마찬가지로, 여러분은 다른 사람들에게 가치를 부여해야 합니다. 타인을 희생시키지 않고 타인을 위해 봉사해야 합니다. 다른 사람들의 필요, 원하는 일, 간구 및 소망에 초점을 맞출 때 모든 일이 여러분에게 수월하게 다가옵니다. 그때 여러분은 성공을 이루기 시작합니다. 그리고 그때가 바로 여러분에게 돈이 들어오기 시작할 때입니다.

여러분의 동기가 이기적일 때, 부자가 되려고 노력하고, 돈을 쫓아 어떤 일을 성취하려고 할 수 있습니다. 그러나 어쩌면 더 가치 있고 더 중요한 것을 잃어버릴 수도 있습니다.

오히려, 다른 사람들에게 봉사하고, 그들에게 가치 있는 일을 먼저 하는 것이 여러분에게 이로울 수 있습니다. 항상 자신이 먼저라고 배우지만, 다른 사람들에게 양보할 때, 오히려 모든 일들이 잘된다는 것을 발견할 것입니다. 이것은 '진정으로 성공한' 사람들 대부분이 알고 있고 살아가는 성공 원리이기도 합니다.

> "제사장과 레위 사람이 묻는 첫 번째 질문은 다음과 같다: '내가 이 사람을 돕기 위해 멈추면 나에게는 무슨 일이 일어날 것인가?' 그러나 선한 사마리아인은 다음과 같은 질문으로 역전시켰다. '내가 이 사람을 돕기 위해 멈추지 않는다면 이 사람은 어떻게 될 것인가?'"
>
> — 마틴 루서 킹 주니어, 미국 시민운동 지도자, 침례교 목사

> "당신에겐 봉사의 태도가 필요하다. 당신은 당신 자신뿐만 아니라 다른 사람들이 성장하도록 도우면서 그들과 함께 성장하게 된다."
>
> — 데이비드 그린, 미국 사업가, 박애주의자, 하비로비 창업자

> "우리가 관대하면 할수록 즐거워진다. 우리가 협조적일수록 우리는 더 가치 있게 된다. 우리가 열정적일수록 우리는 더욱 생산적이 되며, 우리가 더 많이 봉사할수록 더욱 풍성해진다."
>
> — 윌리엄 아서 워드, 영감을 주는 격언을 쓰는 미국에서 가장 많이 인용된 작가 중 한 명

특히 여러분 자신이 어려움에 처했을 때, 다른 사람에게 무엇인가를 주는 것은 정말로 신실함을 필요로 합니다. 저는

가뭄 때문에 심각한 기아에 처한 한 여인과 아들에 관한『성경』의 이야기를 상기시키고자 합니다. 그들에게는 한 끼 정도의 음식이 전부였습니다. 그들은 곧 굶어 죽을 것입니다. 선지자 엘리야는 그녀에게 더 불쌍한 다른 사람에게 음식의 일부를 나누어준다면 그들의 음식이 결코 떨어지지 않을 것이라고 말했습니다. 그녀는 그 말을 믿었고, 그 결과 그 어느 누구도 음식물이 충분하지 않을 때에도 그녀의 기름과 밀가루는 결코 마르지 않았습니다!

다른 사람들을 먼저 돌보는 것은 기적을 위한 길을 만드는 일입니다.

준비는 믿음을 가져온다

물이 없는 사막에서 우물을 찾아 먼 길을 걷는 한 남자에 대한 오래된 이야기가 있습니다. 그는 우물 옆에 있는 항아리를 발견하고 그 안에 담겨 있는 물을 마시려고 했는데, 항아리에 마중물이라고 적혀 있는 메모를 발견했습니다.

펌프는 그 물이 있어야 작동합니다. 그 남자는 목이 말라서 그 마중물을 마시고 싶었지만, 결국 그 물을 펌프에 사용하기로 결심했습니다. 그 결과 그 남자는 펌프에서 나오는 물을 마시고 썼고 그의 말에게 먹일 수 있었습니다. 그는 항아리에 있는 메모에 따라 항아리를 다시 채우고, 펌프를 사용하고 싶어 하는 다음 사람을 위해 다시 그 메모를 준비해 놓았습니다.

먼저 다른 사람들을 위해 봉사하는 것은 여러분의 삶에서 진정한 풍요와 번영을 자유롭게 만끽하기 위한 또 하나의 준비 방법입니다. 우리는 이 책에서 프라임prime이라는 단어를 많이 사용했습니다. 우리는 기회에 열려 있고, 매일 '벽돌'을 만들며, 우리가 기부자가 되기 위해 준비할 수 있도록 우리의 마음을 채찍질해야 합니다.

펌프에 마중물을 붓지 않으면 물을 끌어 올리지 못한 상태로 모터가 가동됩니다. 이것은 열심히 일하지만, 좀처럼 달라지지 않는 생활과 같습니다. 우리는 우리의 동기가 어디에 있는지, 우리가 다른 사람에게 가치를 제공하고 있는지 평가해야 합니다. 우리가 다른 사람들을 위하여 먼저 펌프

223

를 준비한다면 우리에게도 이로울 것이라는 믿음을 가져야
합니다.

순종

> "순종은 권위에 관한 것이 아니며 복종이 아니다. 그것은 모두 사랑과
> 존경의 관계에 관한 것이다."
>
> — 윌리엄 폴 영, 『The Shack』의 저자

순종의 정의:
우월한 힘 또는 다른 사람의 권위나 의지에 따르거나 양보하는 것

순종의 정의를 읽으면서, 저는 순종이 다른 것들보다 더 우
수한 힘을 얻는 것이라고 말하고 싶습니다. 제가 여러분에
게 따르도록 권하는 최고의 힘은 사랑입니다. 대부분의 사
람들이 인간의 삶에서 가장 강력한 힘이 사랑이라는 데 동
의할 것이라고 생각합니다. 궁극적으로 사랑은 모든 것을
정복합니다.

『성경』은 하나님은 사랑이라고 말합니다. 여러분이 하나님을 믿고 우리 모두가 서로 사랑하기를 바라는 그분의 의지를 따르거나 사랑의 힘과 인류에게 미치는 영향을 믿는다면, 저는 여러분이 사랑에 기반을 둔 삶을 사는 법을 배우는 것이 최고의 삶이라는 데 동의하시리라고 믿습니다!

비록 좋은 느낌이 부산물이더라도 사랑은 단순한 감정이 아닙니다. 사랑은 행동이며, 우리가 하는 모든 종류의 일에서 표현됩니다. 그것은 또한 자기 통제로 표현되며, 우리의 정서적 반응에 무조건적으로 따르지 않는 것입니다!

예를 들어, 인내와 용서는 사랑의 행위입니다.

여러분이 부모라면, 사랑이 종종 희생을 통해 표현된다는 것을 이해할 것입니다. 여러분의 삶과 다른 사람들에 대한 욕구를 버림으로써 말이지요.

사랑은 단지 자신의 필요를 충족시키는 것보다는 다른 사람들에게 봉사하는 것입니다. "다른 사람에게 대접받고 싶은 대로 다른 사람을 대접하라"는 황금률은 사랑의 명령입니다.

사랑의 우월한 힘에 여러분의 삶을 내어놓는다면 여러분은 좋은 것들로 넘쳐흐르는 사랑의 보상을 얻을 것입니다.

사랑의 보상은 여러분에게서 멀어질 수 없습니다. 여러분
은 돈과 물건을 잃을 수는 있지만, 평화의 가치, 맑은 양심,
다른 사람들의 감사와 애정은 측정하거나 빼앗길 수 없습
니다!

사랑으로 다른 사람들에게 봉사하는 힘에 순종할 때 거둘
수 있는 것들은 크게 증가합니다!

오늘의 힘The Power of TODA(Y)²을 읽으면서 투자한 시간처럼 앞으로도 시간 투자를 소중하게 생각하기를 바랍니다. 그런 의미에서 책의 마지막 부분에 $TODA(Y)^2$라는 약자 포스터를 실어놓았습니다.

여러분은 매일매일의 일을 상기시켜 주도록 그것을 인쇄하거나 잘 보이는 곳에 게시함으로써 꿈과 목표를 성공적으로 성취할 수 있습니다.

지금까지 책을 읽어 주셔서 감사합니다.

이 책이 오늘의 소중한 추억을 만들고, 또 앞으로 남은 시간 속에서도 소중한 추억을 얻기 위해 여러분들이 스스로를 준비하는 데 도움이 되길 바랍니다.

언젠가는 여러분들로부터 세상을 즐기고 공유할 수확에 대해 듣기를 소망합니다.

그것이 여러분을 위해 이 책을 쓴 저의 시간을 보상받는 것이기 때문입니다.

박혁제 드림

TODA(Y)²의 차트

할 만한 가치가 있다면, 바로 지금 하는 것이 가치가 있습니다. 우리에게 내일은 없을 수도 있기 때문입니다!

시간 —

그것은 선물입니다—당신의 가장 소중한 것

기회 —

당신이 기회를 위해 준비되어 있다면, 언제 어디서나 존재합니다.

계발 —

개인적인 성장은 성공에 이르는 가장 빠르고 확실한 방법입니다.

평가—

목표 달성을 위해, 매일매일 해야 하는 것입니다.

수확[2]—

첫 번째 수확: 생산—

매일 진행되는 하나의 측정 가능한 단위!

두 번째 수확: 섬김과 순종—

우리 인생의 최고의 성공은 타인에게 봉사하는 것입니다.

옮긴이 _ 현혜수

이 책의 한국어 번역을 맡은 현혜수 작가는 『나를 기록하라―성공을 부르는 자서전 쓰기』(매일경제신문사, 2007년)를 비롯하여 『나만의 특별한 그림책 만들기』 등 다수의 작품을 저술한 작가이다. 이번에 새로운 형태의 자기 계발서인 『오늘의 힘―올바르게 사용한다면 끊임없이 베풀어주는 선물』이 한국의 청년들에게 용기와 희망의 신선한 바람을 몰고 오기를 기대하는 마음으로 작업에 참여하였다. 현혜수 작가는 현재 캐나다 밴쿠버에 거주하면서 창작 활동을 하고 있다.

오늘의 힘

올바르게 사용한다면 끊임없이 베풀어주는 선물

초판 1쇄 발행 2018년 10월 31일

지은이 박혁제
옮긴이 현혜수
펴낸이 박진희
펴낸곳 예미

책임편집 이정환
디자인 김민정

출판등록 2018년 5월 10일(제2018-000084호)

주소 경기도 고양시 일산서구 중앙로 1568 하성프라자 601호
전화 031)917-7279   팩스 031)918-3088
전자우편 yemmibooks@naver.com

ISBN 979-11-964106-2-9 (03190)

• 책값은 뒤표지에 있습니다.
• 이 책의 내용의 전부 또는 일부를 사용하려면 반드시 저자와 출판사의 서면동의가 필요합니다.

이 도서의 국립중앙도서관 출판예정도서목록(CIP)은 서지정보유통지원시스템 홈페이지(http://seoji.nl.go.kr)와 국가자료공동목록시스템(http://www.nl.go.kr/kolisnet)에서 이용하실 수 있습니다. (CIP제어번호 : CIP2018032068)